高职高专工学结合课程改革规划教材

Fuwu　Liyi

服务礼仪

（第二版）

交通职业教育教学指导委员会
汽车运用与维修专业指导委员会　　组织编写

刘建伟　主编

人民交通出版社股份有限公司
China Communications Press Co.,Ltd.

内 容 提 要

本书是高职高专工学结合课程改革规划教材,是在各高等职业院校积极践行和创新先进职业教育思想和理念,深入推进"校企合作、工学结合"人才培养模式的大背景下,由交通职业教育教学指导委员会汽车运用与维修专业指导委员会根据最新的教学标准和课程标准组织编写而成。

本书内容主要包括仪容与服饰、仪态、接待礼仪、电话礼仪、沟通技巧和求职面试礼仪,共6个学习单元。

本书主要供高职高专院校汽车运用与维修技术、汽车营销与服务、汽车保险等专业教学使用。

图书在版编目(CIP)数据

服务礼仪/刘建伟主编. —2 版. —北京:人民交通出版社股份有限公司,2017.5(2024.11重印)
ISBN 978-7-114-13667-2

Ⅰ.①服… Ⅱ.①刘… Ⅲ.①汽车—服务营销—礼仪—高等职业教育—教材 Ⅳ.①F766

中国版本图书馆 CIP 数据核字(2017)第 030343 号

高职高专工学结合课程改革规划教材
书　　　名:服务礼仪(第二版)
著 作 者:刘建伟
责 任 编 辑:翁志新　曹　静
出 版 发 行:人民交通出版社股份有限公司
地　　　址:(100011)北京市朝阳区安定门外外馆斜街 3 号
网　　　址:http://www.ccpcl.com.cn
销 售 电 话:(010)85285911
总 经 销:人民交通出版社股份有限公司发行部
经　　　销:各地新华书店
印　　　刷:北京虎彩文化传播有限公司
开　　　本:787×1092　1/16
印　　　张:8.25
字　　　数:186 千
版　　　次:2012 年 1 月　第 1 版
　　　　　　2017 年 5 月　第 2 版
印　　　次:2024 年 11 月　第 2 版　第 5 次印刷　累计第 10 次印刷
书　　　号:ISBN 978-7-114-13667-2
定　　　价:24.00 元

(有印刷、装订质量问题的图书由本公司负责调换)

交通职业教育教学指导委员会
汽车运用与维修专业指导委员会

主 任 委 员：魏庆曜

副主任委员：张尔利　汤定国　马伯夷

委　　　员：王凯明　王晋文　刘　锐　刘振楼

　　　　　　　刘越琪　许立新　吴宗保　张京伟

　　　　　　　李富仓　杨维和　陈文华　陈贞健

　　　　　　　周建平　周柄权　金朝勇　唐　好

　　　　　　　屠卫星　崔选盟　黄晓敏　彭运均

　　　　　　　舒　展　韩　梅　解福泉　詹红红

　　　　　　　裴志浩　魏俊强　魏荣庆

秘　　　书：秦兴顺

编审委员会

公共平台组
组　　长：魏庆曜
副组长：崔选盟　周林福
成　　员：王福忠　林　松　李永芳　叶　钢　刘建伟　郭　玲
　　　　　马林才　黄志杰　边　伟　屠卫星　孙　伟
特邀主审：郭远辉　杨启勇　崔振民　韩建保　李　朋　陈德阳

机电维修专门化组
组　　长：汤定国
副组长：陈文华　杨　洸
成　　员：吕　坚　彭小红　陈　清　杨宏进　刘振楼　王保新
　　　　　秦兴顺　刘　成　宋保林　张杰飞
特邀主审：卞良勇　黄俊平　寒小平　张西振　疏祥林　李　全
　　　　　黄晓敏　周建平

维修服务顾问专门化组
组　　长：杨维和
副组长：刘　焰　杨宏进
成　　员：韦　峰　罗　双　周　勇　钱锦武　陈文均　刘资媛
　　　　　金加龙　王彦峰　杨柳青
特邀主审：吴玉基　刘　锐　张　俊　邹小明　熊建国

保险与公估专门化组
组　　长：张尔利
副组长：阳小良　彭朝晖
成　　员：李远军　陈建宏　侯晓民　肖文光　曹云刚　廖　明
　　　　　荆叶平　彭晓艳
特邀主审：文爱民　任成尧　李富仓　刘　璘　冷元良

第二版前言

"服务礼仪"是汽车运用与维修技术专业的必修课程之一,该课程的教材《服务礼仪》第一版出版至今已近5年。5年来,职业教育又有了许多新发展、新需求。因此,《服务礼仪》再版修订,显得尤为迫切。

在修订过程中,我们充分考虑到职业教育的教学特点和汽车服务企业对人才的需求,注重理论知识与实践技能的有机结合,并吸收国外先进的职教理念。从市场需求入手,认真分析行业发展动态,制订了详细的修订方案。

《服务礼仪(第二版)》在保留第一版教材特色的基础上,对全书的部分章节做了适当的调整和改进:将商务活动礼仪与接待礼仪两部分内容进行了整合;对电话礼仪、沟通技巧两个单元的内容进行了调整;同时为了适应高职院校就业需求,新增了求职面试礼仪。与第一版相比,此次修订后的教材,重点更为突出,知识点更加全面,实际操作性更强。

本书由陕西交通职业技术学院刘建伟主编。编写分工如下:陕西交通职业技术学院刘建伟编写学习单元1、学习单元2;吉林交通职业技术学院郭玲、陕西交通职业技术学院刘茜编写学习单元3;陕西交通职业技术学院曹思琳编写学习单元4;陕西交通职业技术学院高旋编写学习单元5;陕西交通职业技术学院赵苑编写学习单元6。

由于编者经历和水平有限,教材内容难以覆盖全国各地的实际情况,希望各教学单位和读者在积极选用和推广本书的同时,注重总结经验,及时提出修改意见和建议,以便再版修订时进行补充完善。

编 者
2016年11月

第一版前言

　　为落实《国家中长期教育改革和发展规划纲要(2010—2020年)》精神,深化职业教育教学改革,积极推进课程改革和教材建设,满足职业教育发展的新需求,交通职业教育教学指导委员会汽车运用与维修专业指导委员会按照工学结合一体化课程的开发程序和方法编制完成了《汽车运用技术专业教学标准与课程标准》,在此基础上组织全国交通职业技术院校汽车运用技术专业的骨干教师及相关企业的专业技术人员,编写了本套规划教材,供高职高专院校汽车运用技术、汽车检测与维修专业教学使用。

　　本套教材在启动之初,交通职业教育教学指导委员会汽车运用与维修专业指导委员会又邀请了国内著名职业教育专家赵志群教授为主编人员进行了关于课程开发方法的系统培训。教材初稿完成后,根据课程的特点,分别邀请了企业专家、本科院校的教授和高职院校的教师进行了主审,之后又专门召开了两次审稿会,对稿件进行了集中审定后才定稿,实现了对稿件的全过程监控和严格把关。

　　本套教材在编写过程中,认真总结了全国交通职业院校多年来的教学成果,结合了企业职业岗位的客观需求,吸收了发达国家先进的职业教育理念,教材成稿后,形成了以下特色。

　　1. 强调"校企合作、工学结合"。汽车运用技术专业建设,从市场调研、职业分析,到教学标准、课程标准开发,再到教材编写的全过程,都是职业院校的教师与相关企业的专业人员一起合作完成的,真正实现了学校和企业的紧密结合。本专业核心课程采用学习领域的课程模式,基于职业典型工作任务进行课程内容选择和组织,体现了工学结合的本质特征——"学习的内容是工作,通过工作实现学习",突出学生的综合职业能力培养。

　　2. 强调"课程体系创新,编写模式创新"。按照整体化的职业资格分析方法,通过召开来自企业一线的实践专家研讨会分析得出职业典型工作任务,在专业教师、行业专家和教育专家共同努力下进行教学分析和设计,形成了汽车运用技术专业新的课程体系。本套教材的编写,打破了传统教材的章节体例,以具有代表性的工作任务为一个相对完整的学习过程,围绕工作任务聚焦知识和技能,体现行动导向的教学观,提升学生学习的主动性和成就感。

第一版前言

《服务礼仪》是本套教材中的一本。与传统同类教材相比,本教材以汽车服务行业工作工程中涉及的礼仪规范为依据设计学习单元,结合高职教育的特点,注重实践教学环节,每个学习单元均设计了实训指导,实现礼仪课程"教、学、练"一体化教学。

参加本书编写工作的有:陕西交通职业技术学院的刘建伟(编写学习单元1)、广州市交通运输职业学校的宗昊璇(编写学习单元2)、吉林交通职业技术学院的郭玲(编写学习单元3)、吉林交通职业技术学院的金守玲(编写学习单元4)、吉林交通职业技术学院的汲羽丹(编写学习单元5)、陕西交通职业技术学院的刘茜(编写学习单元6)。全书由陕西交通职业技术学院的刘建伟、吉林交通职业技术学院的郭玲担任主编,山东交通职业学院的崔振民担任主审。

限于编者经历和水平,教材内容难以覆盖全国各地的实际情况,希望各教学单位在积极选用和推广本系列教材的同时,注重总结经验,及时提出修改意见和建议,以便再版修订时补充完善。

交通职业教育教学指导委员会
汽车运用与维修专业指导委员会
2011年6月

目 录

绪论 1

学习单元 1　仪容与服饰 2

模块 1　商务仪容规范 2
模块 2　商务服饰礼仪 3
实训指导 9
思考与练习 10
拓展学习 11

学习单元 2　仪态 14

模块 1　站姿 15
模块 2　坐姿 17
模块 3　走姿 19
模块 4　蹲姿 22
模块 5　手势 24
模块 6　表情 29
实训指导 32
思考与练习 34
拓展学习 35

学习单元 3　接待礼仪 40

模块 1　接待文明用语 40
模块 2　自我介绍礼仪 42
模块 3　握手礼仪 44
模块 4　交换名片礼仪 47
模块 5　递接物品礼仪 49
模块 6　茶水服务礼仪 49
模块 7　宴请礼仪 51
实训指导 58
思考与练习 61
拓展学习 62

目 录

学习单元 4　电话礼仪 ·· 69

　　模块 1　电话形象 ·· 69
　　模块 2　电话语言礼仪 ·· 70
　　模块 3　打电话礼仪 ·· 72
　　模块 4　接电话礼仪 ·· 73
　　模块 5　接打电话特殊情况处理 ·· 75
　　模块 6　转接电话礼仪 ·· 76
　　模块 7　手机礼仪 ·· 77
　　模块 8　短信礼仪 ·· 79
　　实训指导 ·· 80
　　思考与练习 ·· 82
　　拓展学习 ·· 87

学习单元 5　沟通技巧 ·· 94

　　模块 1　倾听 ·· 94
　　模块 2　交谈 ·· 96
　　模块 3　提问 ·· 99
　　模块 4　身体语言 ·· 101
　　实训指导 ·· 104
　　思考与练习 ·· 105
　　拓展学习 ·· 106

学习单元 6　求职面试礼仪 ·· 109

　　模块 1　求职简历礼仪 ·· 109
　　模块 2　求职信 ·· 112
　　模块 3　面试技巧 ·· 113
　　实训指导 ·· 117
　　思考与练习 ·· 118
　　拓展学习 ·· 119

参考文献 ·· 121

绪　　论

　　礼仪是在人际交往中,以一定的约定俗成的程序方式来表现的律己敬人的过程,涉及穿着打扮、交往、沟通等内容。从个人修养的角度来看,礼仪可以说是一个人内在修养及素质的外在表现。礼仪是人际活动中体现相互尊重的行为准则。礼仪的核心是一种行为准则,用来约束我们日常活动的方方面面。礼仪的核心作用是体现人与人之间的相互尊重。我们可以用一种简单的方式来概括礼仪:它是人际交往中对人的仪容仪表和言谈举止的普遍要求。

　　礼仪是塑造形象的重要手段。在社会活动中,言谈讲究礼仪,可以变得文明;举止讲究礼仪,可以变得高雅;穿着讲究礼仪,可以变得得体……只要讲究礼仪,事情都会做得恰到好处。总之一个人讲究礼仪,就可以变得充满魅力。

　　礼仪按场合可以大致分为政务礼仪、商务礼仪、服务礼仪、社交礼仪、涉外礼仪五大分支。其中,服务礼仪是各服务行业人员必备的素质和基本条件。出于对客人的尊重与友好,要求服务员在服务中要注重仪表、仪容、仪态和语言、操作的规范,发自内心、热忱地向客人提供主动、周到的服务,从而表现出服务员良好的风度与素养。注重服务礼仪或提供优质服务,可以有效地提高服务质量,增加服务效益,树立良好的企业形象。

　　据不完全统计,目前中国内地拥有汽车4S店超过5 000家,如果算上所有展厅,应有汽车销售店15 000多家,展厅销售成为目前汽车销售最重要的方式。当顾客走过一个又一个展厅,您的展厅凭什么留住他们匆匆的脚步和摇摆不定的心?当产品本身在质量、价格上的差异越来越小,您的企业又靠什么在竞争中获胜?您肯定会想到——企业的服务、企业的形象。

　　在这样的大背景下,各个汽车销售企业,都把提升本企业形象和服务规范、提高顾客满意率和销售成功率,作为企业文化和制度建设的重要内容,以提升企业核心竞争力和美誉度。所以,汽车服务礼仪培训,就成了提升汽车销售企业核心竞争力的重要措施。

学习单元 1　　仪容与服饰

学习目标

1. 能够准确把握销售服务工作中仪容与着装礼仪；
2. 能简述服饰打扮的基本原则，能够正确着装，并能够进行正确的色彩搭配；能根据不同的场合、不同的活动选择合适的服装与饰物，学会服饰穿戴的正确方法、仪容的修饰与化妆的基本技能。

学习时间

8学时。

模块1　商务仪容规范

一　仪容的概念

仪容，通常是指人的外观、外貌，重点是指人的容貌。在人际交往中，每个人的仪容都会引起交往对象的特别关注，并将影响到对方对自己的整体评价。

真正意义上的仪容美，应当是仪容自然美、仪容修饰美和仪容内在美三个方面的高度统一。在这三者之间，仪容的内在美是最高的境界，仪容的自然美是人们的心愿，而仪容的修饰美则是本书关注的重点。

二　仪容礼仪的原则

仪容礼仪的原则主要包括自然、美化与协调。

1. 自然

自然是要求仪容修饰以清淡为主，生动自然，妆而不露，化而不觉，达到"清水出芙蓉，天然去雕饰"的境界，给别人以天生丽质的感觉。切忌过重的人工修饰。

2. 美化

美化是要求在了解自己容貌的基础上，通过专业的修饰对容貌进行适当的矫正。扬长避短，达到美化的效果。

3．协调

协调是强调仪容的修饰要与发型、服饰、职业及场合环境相一致。

三　仪容的修饰

1．发式

整洁的仪容最基本的要求是拥有整洁干净的头发。头发不仅仅表现人的性别，还意味着一个人的道德修养、审美水平及行为规范。人们可以通过一个人的发式判断出其职业、身份、受教育程度、生活状况及卫生习惯，也可以感受出其对生活、工作的态度。

首先，要根据自己的性别、年龄、职业、形体、场合等选择合适的发型，同时还要观察流行趋势。汽车服务人员的发型应时尚得体、美观大方、符合身份，不能太夸张或太另类。女士以短发、盘发和束发为宜，发饰也应庄重大方；男士以短发为宜，并且要注意修剪，一般认为应前不过眉、旁不过耳、后不盖衣领。

其次，头发要保持清洁健康，不论男女都要经常洗头，最好做到没有头皮屑。

2．面部修饰与化妆

面部的修饰与化妆对于良好的整体形象有画龙点睛的作用，经过面部的修饰与化妆，可以使人焕发青春的光彩，在人际交往中更具魅力。

男士要每天进行剃须修面，以保持面部的清洁。

女士化妆是自尊自爱的表现，也是对别人的一种尊重，更是企业管理完善的一个标志。职业妆容应以淡妆为宜，扬长避短，突出面部美感，与自身整体相协调、与身份相协调、与周围环境相协调。女士在化妆时要注意两个方面：首先，化妆要自然协调，力求化妆之后自然而没有痕迹；其次，要注意不在公共场合化妆，在公共场所、众目睽睽之下修饰面容是没有教养的行为，如真有必要化妆或补妆，一定要到洗手间去完成。

3．其他

汽车服务人员还要注意口腔卫生，保证口气清新；注意清洁双手，及时修剪指甲；勤洗澡，勤换衣服，以免身上发出汗味或其他异味。

模块 2　商务服饰礼仪

一　服饰礼仪的概念

服饰礼仪是人们在交往过程中为了相互表示尊重与友好，达到交往的和谐而体现在服饰上的一种行为规范。服饰分为服装和装饰两个方面。

商务服饰礼仪在礼仪中具有极强的表现功能，在社交活动中，人们可以通过服饰来判断一个人的身份地位、涵养，通过服饰可展示个体内心对美的追求，体现自我的审美感受；通过服饰可以增进一个人的仪表、气质。所以，服饰是人类的一种内在美和外在美的统一。服饰礼仪是一种文化，也是一门无声的美感交际语言。

二 着装的原则

莎士比亚曾经说:"一个人的穿着打扮,就是他的教养、品位、地位的最真实的写照。"在日常工作和交往中,尤其是在正规的场合,穿着打扮的问题正在越来越引起现代人的重视。服装的选择体现了着装者的社会地位、趣味、修养、个性及形体美,同时,也将影响外界对其的印象与评价。因此,服装的选择不仅要符合服饰的审美标准,还要符合服饰礼仪的要求。要想塑造一个真正美的自我,首先就要掌握服饰礼仪规范,让和谐、得体的穿着来展示自己的才华和美学修养,以获得更高的社交地位。

1. 着装的适体原则

服装的选择要适合着装者的自身条件,即年龄、体型、职业等,它是衡量一个人着装是否得体的重要因素。同时,着装要清洁平整,服装并非一定要高档华贵,但须保持清洁,并熨烫平整,穿起来大方得体,显得精神焕发。整洁并不完全为了自己,更是尊重他人的需要,这是良好仪态的第一要务。

2. 着装的TPO原则

TPO分别是英语Time、Place、Object三个词的缩写字头,即着装的时间、地点、目的。着装的TPO原则是世界通行的着装打扮的最基本的原则。它要求人们的服饰应力求和谐,以和谐为美。

"T"代表时间,包含时代、季节,甚至每天的早、中、晚。也就是穿着要应时,不仅要考虑早晚温差、时令变化,还要符合时代的要求,特别是随着社会的发展,人们的着装观念会发生变化,一个时期会有一个时期的流行趋势。"P"代表地点、场合,也就是着装的环境原则,即不同的环境需要与之相适应的服饰打扮。"O"代表目的,也就是着装要符合着装人的身份,要根据不同的交往目的、交往对象选择合适服装,塑造出与自己身份、个性相协调的外表形象。

着装TPO原则的三要素(时间、地点、目的)是相互贯通、相辅相成的。人们在社交活动与工作中,总是会处于一个特定的时间、场合和地点中,因此在着装时,应考虑一下,穿什么?怎么穿?这是你踏入社会并取得成功的一个开端。

3. 着装的配色原则

服饰的美是款式美、质料美和色彩美三者完美统一的体现,形、质、色三者相互衬托、相互依存,构成了服饰美统一的整体。而在生活中,色彩美是最先引人注目的,因为色彩对人的视觉刺激最敏感、最快速,会给他人留下很深的印象。

服饰色彩的相配应遵循一般的美学常识。服装与服装、服装与饰物、饰物与饰物之间应色调和谐,层次分明。饰物只能起到"画龙点睛"的作用,而不应喧宾夺主。服饰色彩在统一的基础上应寻求变化,服与服、服与饰、饰与饰之间在变化的基础上应寻求平衡。一般认为,衣服里料的颜色与表料的颜色,衣服中某一色与饰物的颜色均可进行呼应式搭配。服装色彩搭配有三种方法可供参考。第一,同色搭配,即由色彩相近或相同,明度有层次变化的色彩相互搭配造成一种统一和谐的效果,如墨绿配浅绿、咖啡配米色等。在同色搭配时,宜掌握上淡下深、上明下暗,这样整体上就有一种稳重踏实之感。第二,相似色搭配,色彩学把色环上大约90°以内的邻近色称之为相似色,如蓝与绿、红与橙。相似色搭配时,两个色的明度、纯度要错开,如深一点的蓝色和浅一点的绿色配在一起比较合适。第三,主色搭配,指选一种起主导作用的基调和主色,相配于各种颜色,造成一种互相陪衬、相映成趣之效。采用这种配色方法,应首先确定整体服饰的基调,其次选择与基调一致的主色,最后再选出多种辅色。主色调搭配如选色不当,容易造成混乱不堪,有损整体形象,因此使用的时候要慎重。

服装的选择还要考虑文化背景,我国与西方社会的文化背景不同,风俗习惯、审美观念也不尽相同,不能简单模仿西方人的穿着打扮。

总之,穿衣是一个人的"形象工程"。西方的服装设计大师认为:"服装不能造出完人,但是第一印象的80%来自于着装。"

三 男士西装的穿着规范

西装以其设计造型美观、线条简洁流畅、立体感强、适应性广泛等特点而越来越深受人们青睐,几乎成为世界公认的男士正统服装。汽车服务人员在正式工作场合的职业装也多为西装。

1. 西装款式与选择

西装的款式现可分为欧式、英式、美式和日式四大流派。

欧式:领型狭长,胸部收紧突出,袖拢与垫肩较高,造型优雅,为双排扣。

英式:与欧式相仿,但垫肩较薄,后背开衩,绅士味道很足。

美式:领型较宽大,垫肩较适中,胸部不过分收紧,两侧开衩,风格自然。

日式:外观略呈"H"形,领型较窄、较短,垫肩不高,多不开衩,为单排两粒扣。

不管是哪种流派,其主要的区别在于领口、纽扣和开叉。比较而言,英式和日式更适合中国人穿着。

另外,西装有套装和单件上装的区别,正式社交场合应选择套装,而单件上装多用于半正式和休闲场合。

在选择西装时,要充分考虑自己的身高、体型,选择合适的款式。

西装的面料应该挺括、垂感好,宜选择全毛料或含毛较高的毛涤织物,一般以无图案为宜,或选择隐形竖条纹。西装的颜色必须庄重、正统,藏蓝色的西装是商务男士的首选;另外,还可以选择深灰色、深棕色等深色调;黑色西装更适合在庄严、肃穆的礼仪性活动中穿着。

在选择西装的大小时应以合体为基本原则,西装的长度应以其下摆垂到手的虎口处,袖口应以垂下来到手腕为宜。西裤腰围应以裤子扣好后腰中能塞进一只手,长度是以垂下来正好到皮鞋为宜,两条裤缝笔直。

2. 西装穿着的基本要求

正确、得体穿着西装是商务人士品位、修养的良好体现。

(1) 三色原则与三一定律。三色原则是指男士正式场合穿着西装时,全身颜色必须限定在三种之内。三一定律则是指男士在正式场合穿着西装时,皮鞋、腰带、公文包的色彩必须协调统一,最理想的颜色为黑色。

(2) 衬衣的选择与穿着。衬衣是西装最为重要的配件之一,具有美化和衬托西装的功能。与西装配套的,一般为硬质"V"形领衬衫,颜色以白色或纯色为宜。

在选择衬衣时,其大小以领口的大小为准。一般衬衣穿好后,扣好扣子,领子的大小以能塞进一个手指头为宜。这样,等系好领带后,可显得不松不紧。衬衣穿好后其衬衣领子应高出西装领子大约1cm左右,衬衣袖子应以长出西装袖口约1.5~2.5cm为宜。穿西装时,衬衣应塞进裤腰内,衬衣内如要穿棉毛衫的话,最好要看不出痕迹。穿衬衣打领带时,衬衣最上面的一粒扣子应扣紧,包括袖口上的扣子都要扣好。如不系领带,衬衫最上面的扣子应不扣。如衬衣单穿不系领带时,则袖子可以卷起,领子可以松开。

(3)领带的选择与系法。领带是西装的装饰品,也是西装的灵魂。领带的面料有毛织、丝质、化纤等,花色图案更多,领带的选色应与衬衫和西装相配。领带的宽度和长度要适中,其宽度应与西装翻领的宽度相适宜,而其长度由自己的身高决定,系好领带后,其下端应抵达皮带扣。

领带的系结关系到西装的穿着效果,对于商务男士来讲,可以根据场合及领带本身的厚度、面料等采取不同的系法。下面介绍几种常用的领带系法。

平结是最常用的领带系法,也可以说是最经典的领带系法(图1-1)。这种领结虽然结型不太对称,一般呈斜三角形,适合窄领衬衫,但是因为它风格简洁,是历史记载的、最早的领带系法,所以依然适用于多种场合,可搭配大多数领形。

半温莎结是一种比较浪漫的领带系法(图1-2)。近似正三角形的领形最适合搭配尖领及标准式领口系列衬衣,适用于任何场合,在众多衬衫领形中,与标准领是最完美的搭配。

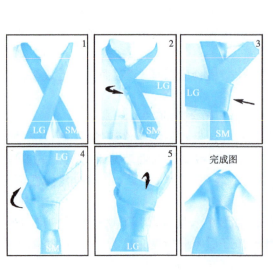

图1-1 平结的系法

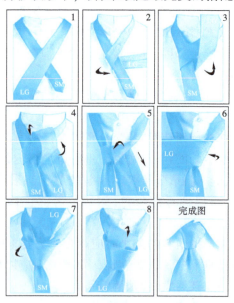

图1-2 半温莎结的系法

温莎结是因温莎公爵而得名的领带结,是最正统的领带系法(图1-3)。一般用于商务、政治等特定场合,属于典型的英式风格,系出的结呈正三角形,饱满有力,适合搭配宽领衬衫。

(4)皮鞋和袜子。穿西装对皮鞋和袜子也有要求,一般只能穿西装皮鞋,皮鞋的颜色应与西装的颜色相配套,黑色皮鞋的搭配性最好,穿西装最忌讳的就是配穿旅游鞋、皮凉鞋或布鞋。袜子也最好是与西裤的颜色相同或与皮鞋的颜色相同,切忌选配浅色袜子。

(5)西装穿着的注意事项。

①要拆除衣袖上的商标。在西装上衣左边袖子的袖口处,通常会缝有商标。有时,那里还同时缝有一块纯羊毛标志。在正式穿西装之前,切勿忘记将它们先行拆除。

②要熨烫平整。欲使一套穿在自己身上的西装看上去美观大方,首先就要使其显得平整而挺括,线条笔直。为此,除了要定期对西装进行干洗外,还要在每次正式穿着之前,对其进行认真的熨烫。

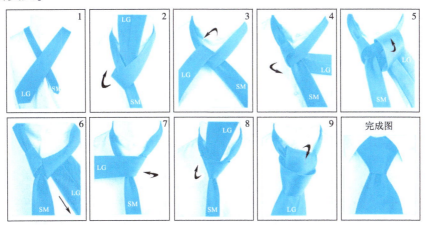

图 1-3 温莎结的系法

③要扣好纽扣。通常,扣西装上衣的纽扣时,单排扣上衣与双排扣上衣有所不同。扣单排两粒扣式的西装上衣的纽扣时,讲究"扣上不扣下",即只扣上边那粒纽扣。扣单排三粒扣式的西装上衣的纽扣时,正确的做法则有两种:要么只扣中间那粒纽扣,要么扣上面那两粒纽扣。而扣双排扣式的西装上衣的纽扣时,则所有纽扣都要扣上。

④要不卷不挽。穿西装时,一定要悉心呵护,使其保持原状。在公共场合,千万不要当众随心所欲地脱下西装上衣,更不能把它当作披风一样披在肩上。需要特别强调的是,无论如何,都不可以将西装上衣的衣袖挽上去;否则,极易给人以粗俗之感。在一般情况下,随意卷起西裤的裤管,也是一种不符合礼仪的表现。

⑤要慎穿毛衫。商务人士要打算将一套西装穿得有"型"有"味",那么在衬衫和西装之间,最好不要再穿其他任何衣物。在冬季寒冷难忍时,只宜暂作变通,穿上一件薄的V领的单色羊毛衫或羊绒衫。

⑥要巧配内衣。西装的标准穿法,是衬衫之内不穿棉纺或毛织的背心、内衣。因特殊原因,需要在衬衫之内再穿背心、内衣时,有三点需注意。一是数量以一件为限,同时穿上多件必然会使自己显得十分臃肿。二是色彩上宜与衬衫的色彩相仿,免得令二者"反差"鲜明。三是款式上应短于衬衫。穿在衬衫之内的背心或内衣,其领形以U领或V领为宜,在衬衫之内最好别穿高领的背心或内衣。此外,还须留心,别使内衣的袖管暴露在他人的视野之内。

⑦要少装东西。为保证西装在外观上不走样,就应当在西装的口袋里少装东西,或者不装东西。对待上衣、背心和裤子均应如此。西装上衣左侧的外胸袋除可以插入一块用以装饰的真丝毛帕,不得再放其他任何东西,尤其不应当别钢笔、挂眼镜。内侧的胸袋,可用来别

钢笔、放钱夹或名片夹,但不要放过大、过厚的东西。外侧下方的两只口袋,原则上不应放任何东西。西装背心上的口袋主要起装饰作用,除可以放置怀表外,不宜再放别的东西。在西装的裤子上,两只侧面的口袋只能放纸巾或钥匙包,其后侧的两只口袋,则不应放任何东西。

四 西装套裙的着装礼仪

如果说西装是商务男士着装的最佳选择,那么西装套裙则是职业女士最理想的着装。

女士套裙分为两种基本类型:一为"随意型"套裙,即以女士西装上衣同其他的一条裙子进行自由搭配与组合;二为"成套型""标准型"套裙,女士西装上衣和裙子为成套设计制作而成。严格地讲,套裙事实上指的仅仅是后一种类型。套裙的款式也可分为两件套、三件套两种。

1. 套裙的选择

女士套裙面料选择的余地要比男士西装大得多,宜选纯天然且质量上乘的面料。上衣和裙子要采用同一质地、同一色彩的素色面料。在造型上利于着装者扬长避短,所以提倡量体裁衣、做工讲究。上衣注重平整、挺括、贴身,较少使用饰物和花边进行点缀;裙子要以窄裙为主,并且裙长要到膝或者过膝。

色彩方面以冷色调为主,应当清新、雅气而凝重,以体现着装者的典雅、端庄和稳重。藏青、炭黑、茶褐、土黄、紫红等稍冷一些的色彩都可以,最好不选鲜亮抢眼的。有时两件套套裙的上衣和裙子可以是一色,也可以是上浅下深或上深下浅两种不同的色彩。但需要注意的是,全身颜色不应超过三种。

正式场合穿的套裙,可以不带任何图案,要朴素而简洁。以方格为主体图案的套裙,可以使人静中有动,充满活力。也可以穿着一些以圆点、条纹图案为主的套裙,但不能用花卉、宠物、人物等符号为主体图案。套裙上不要添加过多的点缀,否则会显得杂乱而小气。如果喜欢,可以选择少而且制作精美、简单的点缀。

2. 套裙穿着和搭配的注意事项

(1)大小适度。上衣最短可以齐腰,裙子最长可以到达小腿中部,上衣的袖长要盖住手腕。

(2)认真穿好,要穿得端端正正。上衣的领子要完全翻好,衣袋的盖子要拉出来盖住衣袋;衣扣应全部系上,不允许部分或全部解开,更不允许当着别人的面随便脱下上衣。

(3)注意场合。女士在各种正式活动中,一般以穿着套裙为好,尤其在涉外活动中,其他场合就没必要一定穿套裙。当出席宴会、舞会、音乐会时,可以选择和这类场合相协调的礼服或时装。在这种需要放松的场合里,还穿套裙的话,会使你和现场"格格不入",还有可能影响别人的情绪。

(4)套裙应当与妆饰协调。通常穿着打扮,讲究的是着装、化妆和配饰风格统一,相辅相成。穿套裙时,必须维护好个人的形象,所以必须要化妆,但也不能化浓妆。选配饰也要少,合乎身份。在工作岗位上,不佩戴任何首饰也是可以的。

(5)兼顾举止。套裙最能够体现女性的柔美曲线,这就要求穿着者举止优雅,注意个人的仪态等。

3. 套裙鞋袜的选择

用来和套裙配套的鞋,应该是皮鞋,并且黑色的牛皮鞋最好,和套裙色彩一致色彩的皮鞋也可以选择,应该是高跟、半高跟的船式皮鞋或盖式皮鞋。系带式皮鞋、丁字式皮鞋、皮靴、皮凉鞋等,都不适合采用。

袜子可以是尼龙丝袜或羊毛袜。但最好别穿鲜红、明黄、艳绿、浅紫色的袜子。袜子可以是肉色、黑色、浅灰、浅棕等常规色,且最好是单色。

穿套裙的时候,有意识地注意一下鞋、袜、裙之间的颜色是否协调。鞋、裙的色彩必须深于或靠近袜子的色彩。另外,鞋袜应当大小相配套、完好无损。

4. 职业女性着裙装"四不准"

一是黑色皮裙不准穿;二是正式场合不准光腿,尤其是隆重的庆典仪式;三是袜子不准出现残破;四是不准鞋袜不配套。

5. 饰品的选择与佩戴

饰品可以分为服饰和首饰两类。服饰包括鞋袜、帽子、皮包、围巾、手套、眼镜、胸饰等;首饰泛指耳环、戒指、手镯、手链、项链等。

佩戴首饰也应遵守TPO(时间、场所、目的)原则,具体要求如下。

(1)佩戴首饰要注意场合。只有在交际应酬时,佩戴首饰才最合适;上班时间以不戴或少戴首饰为好;从事劳动、体育活动和出席会议时也不宜戴首饰。

(2)佩戴首饰要与服装及本人的外表相协调。一般穿较考究的服装时,才佩戴昂贵的首饰;穿运动装、工作服时不宜戴首饰。胖脸型的女士不宜戴耳环,圆脸型的女士戴项链应加个挂件。

(3)佩戴首饰要考虑性别因素。女士可以戴各种首饰,男士只宜戴结婚戒指。

(4)佩戴首饰要注意寓意和习惯。项链是平安、富有的象征,应根据身材和个性特点,选择适当的款式和色彩。戒指是首饰中最明确的爱情信物,佩戴戒指可表明你的婚姻状况:戴在食指上表示求婚,戴在中指上表示已在恋爱中,戴在无名指上表示已婚,戴在小指上则表示自己是一个独身主义者。戒指一般只戴一枚,而且戴在左手上。手镯或手链如果在左手腕或左右两腕上同时佩戴,表示佩戴者已经结婚;如果仅在右手腕上佩戴,则表明佩戴者是自由而不受约束的。另外,手镯或手链的戴法还要考虑因各民族的习俗不同而有所区别。中国人习惯将手镯或手链戴在右手上,而一些西方人则习惯戴在左手上。一般女士佩戴手镯或手链就不用戴手表。

实 训 指 导

实训项目1　着装训练

实训工具:礼仪实训教室,穿衣镜,学生自备正式服装。

实训步骤:

(1)分组。每组6~10人。

(2)每组学生自评着装特点、适宜场合及可以改进的地方。

(3)通过抽签(年龄、性别、体型、时间、场合)确定模拟着装者,小组设计着装风格。

(4)学生互评,教师讲评各小组的设计方案,并提出可以改进的地方。
实训要点:
(1)商务着装与日常休闲着装的区别。
(2)着装TPO原则。
(3)着装设计的适体性原则。
(4)配色方案的选择。

实训项目2　职业妆容训练(女生)

实训工具:礼仪实训教室,化妆镜,化妆用品。
实训步骤:
(1)分组。每组6～10人。
(2)每组学生参与讨论职业妆的化法。
(3)分组进行化妆练习。
(4)学生自评、互评与教师点评。
实训要点:
(1)把握职业妆容的化法。
(2)化妆品与化妆工具的使用。

实训项目3　领带的系法

实训工具:礼仪实训教室,化妆镜,不同材质的领带若干。
实训步骤:
(1)分组。每组6～10人,男生、女生分开练习。
(2)男生组进行对镜给自己打领带的训练,女生组进行系领带练习。
(3)讨论领带不同打法的效果与适用性。
实训要点:
(1)感受领带不同的系法与效果。
(2)感受不同材质领带的系法。

思考与练习

一、选择题

1.能以西装相配的衬衫很多,最常见的是(　　)衬衫。
　A.蓝色　　　　B.白色　　　　C.浅色　　　　D.深色
2.佩戴首饰原则上不应超过(　　)件。
　A.五　　　　　B.四　　　　　C.三　　　　　D.二
3.男士西服单排扣有两个,在正式场合站立时,应如何扣? (　　)

A. 只扣上边一个　　B. 只扣下边一个　　C. 两个都扣上　　D. 两个都不扣

4. 西装袖口外的商标及纯羊毛标记(　　)。

　　A. 不能拆下　　B. 一定要拆下　　C. 可拆可不拆

5. 应尽量避免以下服饰色彩的搭配方法:(　　)。

　　A. 红色配茶色　　B. 橙色配黄色　　C. 红色配绿色　　D. 蓝色配绿色

6. 在正式场合,女士不化妆会被认为是不礼貌的,要是活动时间长了,应当适当补妆,但在(　　)不能补妆。

　　A. 办公室　　B. 洗手间　　C. 公共场所

7. 男士着装,整体不应超过(　　)种颜色。

　　A. 两　　B. 三　　C. 四

8. 女士穿着西式套裙时,最佳搭配是(　　)。

　　A. 高跟皮鞋　　B. 平跟皮鞋　　C. 凉鞋

二、简答题

1. 商务仪容规范对男女的要求各有什么?
2. 西装穿着的具体要求有哪些?
3. TPO 原则的具体内容是什么?

三、实操题

联系实际,为自己设计毕业应聘时的穿着打扮,注意各种原则的把握。

拓 展 学 习

一　职业女性完美妆容最佳方案

　　职业女性的整体造型应以大方、优雅、简约为主。质地较好的合体套装是必备的;发型应该清爽利落;妆容的风格是典雅加干练,以下是打造职业女性完美妆容的具体方案。

　　(1)选择与肤色接近的粉底色。杂志上那些皮肤透明无瑕的模特令人羡慕,那大多是优质粉底产生的效果。应选择与肤色接近的粉底色,若粉底色太白,会有"浮"的感觉。粉底不可涂抹过厚,可用拍打的手法薄薄施上一层,注意发际与颈部,要有自然的过渡,以免产生"面具"似的感觉。另外,应在营养霜完全吸收后再上粉,以保证均匀的效果。

　　(2)稍粗而眉峰稍锐的眉形,显得干练而精明。高挑的细眉,很有女性柔媚的韵味,可是在办公室里,最好的选择应是稍粗而眉峰稍锐的眉形,显得干练而精明。如果眉毛比较杂乱或眉梢向下,可用眉钳拔除杂毛,再用小剪刀修剪出比较清晰的眉形。

　　(3)口红弥补憔悴脸色。许多职业女性都有熬夜的经历,第二天苍白憔悴的脸色让人信心全无,其实只需抹上一层口红便可大为改观,显得精神许多。粉色系、橙色系口红在办公室里很受欢迎,而各种亚光的红色与紫色以及亮光口红则不太适合办公室的工作气氛。不用唇线的自然唇妆可用唇笔细心勾画出圆润清晰的唇形。

（4）色彩组合重在协调。办公室妆容的色彩不能过分炫目和夸张，应给人一种和谐、悦目的美感。以暖调为主的色彩，如粉色系及橙色系能使肤色显得健康而明快，很适合在办公室使用。妆容的色彩应是同色系的，如眼影与口红的色彩应该协调呼应。在办公室里眼线可以不用，特别应避免用深色的下眼线，因为那样会使妆容显得做作而生硬。

（5）睫毛膏让你的眼睛焕发清亮神采。睫毛膏能使睫毛显得浓密而富有光泽，是塑造"明眸善睐"的秘密武器。不用事先卷睫毛，刷上即卷的睫毛膏，很适合化妆时间有限的职业女性。

（6）漂亮表情，完美妆容的最后一步。即使严肃的工作场合，也不要把表情固定化。精致合宜的妆容配上单调无变化的表情，总让人觉得有些遗憾。表情应该轻松、机敏而生动，当然夸张的神情是应该避免的，过多的眼部运动会显得有些神经质，缺乏稳定性和承受力。发自内心的微笑是不用花钱的最佳化妆品，因为微笑是一种令人愉悦、舒服的表情，它能打破工作中产生的僵局，消除双方的戒备心理。

二　服装与色彩

从视觉效果上讲，服装的色彩在人的直觉中是最领先、最敏感的。

不同的色彩能引起别人不同的心理感觉，有不同的象征意义。

红色：象征兴奋、热情和快乐，在感觉上十分刺激。它使人联想到鲜血、生命、太阳和火焰，显示浪漫、活泼与热烈。

黄色：象征华贵、明快。但它是一种过渡色，能使兴奋的人更兴奋，活跃的人更活跃；同时也能使焦虑和抑郁者的情绪更糟糕。

蓝色：象征宁静、智慧和深远，是一种比较柔和宁静的颜色，它能使人联想到天空和海洋，给人以高远、深邃的感觉。

橙色：象征活力与温暖，是一种明快富丽的色彩，能引起人的兴奋与欲望。

绿色：象征生命力与和平，是一种清爽宁静的色彩，能使人想到青春、活力与朝气。

黑色：象征深刻、沉着、庄重和高雅，也可以代表哀伤、恐怖与黯淡，是一种庄重、肃穆的色彩。

紫色：象征纯洁、高尚、坦荡，是一种纯净、祥和、朴实的色彩，给人以明快、无华的感觉。

灰色：象征朴实、庄重、大方和可靠，是一种柔弱、平和的色彩，给人以平易、脱俗、大方的感觉。

粉色：象征活泼、年轻、明丽和娇美。

白色：象征朴素、高雅、明亮和纯洁。

服装配色以整体协调为基本准则。全身着装颜色搭配最好不超过三种颜色，而且以一种颜色为主色调，颜色太多则显得乱而无序，不协调。灰、黑、白三种颜色在服装配色中占有重要位置，几乎可以适合匹配任何颜色。

着装配色和谐的几种比较保险的办法，一是上下装同色，即套装，以饰物点缀。二是同色系配色。利用同色系中深浅、明暗度不同的颜色搭配，整体效果比较协调。利用对比色搭配（明亮度对比或相互排斥的颜色对比），运用得当，会有相映生辉、令人耳目一新的亮丽效果。年轻人着上深下浅的服装,显得活泼、飘逸、富有青春气息。中老年人采用上浅下深的搭配,给人以稳重、沉着的静感。同一件外套,利用衬衣的样式与颜色的变化与之相衬托,会表现出不同的风格,能以简单的打扮发挥理想的效果,本身就说明着装人内在的充实与修养。利用衬衣与外套搭配应注意衬衣颜色不能与外套相同,明暗度、深浅程度应有明显的对比。着装配色要遵守的一条重要原则,就是根据个人的肤色、年龄、体形选择颜色。如肤色黑,不宜着颜色过深或过浅的服装,而应选用与肤色对比不明显的粉红色、蓝绿色,最忌用色泽明亮的黄橙色或色调极暗的褐色、黑紫色等。皮肤发黄的人,不宜选用半黄色、土黄色、灰色的服装,否则会显得精神不振和无精打采。脸色苍白不宜着绿色服装,否则会使脸色更显病态。而肤色红润、粉白,穿绿色服装效果会很好。任何肤色的人着白色服装效果都不错,因为白色的反光会使人显得神采奕奕。体形瘦小的人适合穿色彩明亮度高的浅色服装,这样显得丰满;而体形肥胖的人选用明亮度低的深颜色则会显得苗条。

三 香水

法国著名设计师曾经这样评价香水:香水是服饰的最后搭配。香水也可以说是一种文化,是完成优雅形象造型中画龙点睛的一笔。正确选用香水,有时会让你取得意想不到的职场成功;相反,使用不当,其负面影响也不容小视。如何使用香水才能既自我放松,又展现个人的品位与修养呢?香精以"点"、香水以"线"、古龙水以"面"的方式使用,香水擦得越广,味道越淡,是使用香水的秘诀。使用方法分喷雾法与七点法。

喷雾法:在穿衣服前,让喷雾器距身体约 10~20cm,喷出雾状香水,喷洒范围越广越好,随后立于香雾中 5min,或者将香水向空中大范围喷洒,然后慢慢走过香雾。这样都可以让香水均匀落在身体上,留下淡淡的清香。

七点法:首先将香水分别喷于左右手腕静脉处,双手中指及无名指轻触对应手腕静脉处,随后轻触双耳后侧、后颈部;轻拢头发,并于发尾处停留稍久;双手手腕轻触相对应的手肘内侧;使用喷雾器将香水喷于腰部左右两侧,左右手指分别轻触腰部喷香处,然后用沾有香水的手指轻触大腿内侧、左右腿膝盖内侧、脚踝内侧,七点擦香法到此结束。注意擦香过程中所有轻触动作都不应有摩擦,否则香料中的有机成分发生化学反应,可能破坏香水的原味。

学习单元 2　　仪　　态

 学习目标

1. 能够准确把握服务工作中的仪态礼仪；
2. 学会运用正确的表情，正确的站姿、坐姿、走姿、蹲姿以及手势。

 学习时间

10 学时。

仪态，就是人在行为中的姿态和举止。姿态是指人的身体所呈现的样子。举止则是指一个人的举手投足，主要包括人的站姿、坐姿、走姿、蹲姿、手势、表情等，它们共同构成了丰富的肢体语言。良好的仪态即人们通常说的"站有站相，坐有坐相，举止端庄，落落大方"。优雅的仪态能够体现良好的人格修养和文化内涵，在无形中传递我们的情感信息。因此，作为一名服务人员，应该格外注意仪态美。

对照图 2-1 中所展示的两种不同仪态，相信大家对仪态美与不美给人带来的心理感受的差异能够有一个直观的认识。

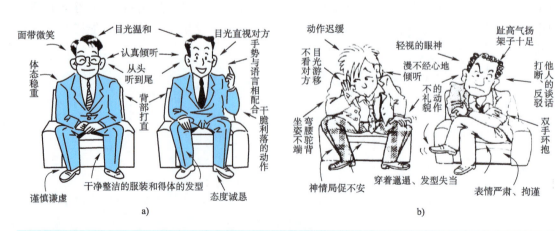

图 2-1　仪态的美与不美
a) 赢得好感的仪态；b) 惹人生厌的仪态

模块1 站　　姿

站立是人们生活工作交往中的一种最基本的姿态。正确、标准的站姿,是一个人身体健康、精神饱满的体现。优雅端庄的站姿是优雅举止的基础,是商业服务人员良好服务形象的基础,每位商业服务人员必须掌握。

一　基本站姿

基本站姿是指人们在自然直立时所采取的姿势,它的标准做法如下。

头部抬起(一般不应站得高于自己的交往对象),面部朝向正前方,双眼平视,下颌微微内收,颈部挺直。双肩放松,呼吸自然,腰部直立。双臂自然下垂,处于身体两侧,手部虎口向前,手指稍许弯曲,指尖朝下。两腿立正并拢,双膝与双脚的跟部紧靠于一起。两脚呈V状分开,二者之间相距约一个拳头的宽度(这一脚位,有时又叫"外八字")。注意提起髋部,身体的重量应当平均分布在两条腿上。

采取基本站姿后,从其正面来看,主要的特点是头正、肩平、身直。如果从侧面去看,其主要轮廓线则为含颌、挺胸、收腹、直腿。总体来讲,采取这种站姿,会使人看起来稳重、大方、俊美、挺拔。它的好处还有:可以帮助呼吸,改善血液循环,并且在一定程度上减缓身体的疲劳。

二　不同性别的站姿

必须指出,由于性别的差异,在上述基本要求的基础上,男性服务人员和女性服务人员的站姿通常需要根据自身的性别特点,采取一些局部的变化,对男性站姿的要求以挺拔、稳重为主,对女性站姿的要求则是以优雅、端庄为主,主要表现在手位和脚位会有一些不同。

男性服务人员在站立时,要注意表现出男性刚健、潇洒、英武、强壮的风采,要力求给人一种壮美感。具体来讲,在站立时,男性服务人员可以将双手相握、叠放于腹前,或者相握于身后。双脚可以叉开,两脚之间相距与肩部同宽。如果站立时间过久,可以将左脚或右脚交替后撤一步,身体的重心分别落在另一只脚上。但是上身仍然需要保持挺直,脚不可伸得太远,双腿之间不可叉开过大,变换不可过于频繁。男性站姿如图2-2所示。

女性服务人员在站立时,则要注意表现出女性轻盈、妩媚、娴静、典雅的韵味,要努力给人以一种"静"的优美感。具体来讲,在站立时,女性服务人员可以将双手相握或叠放于腹前。双膝和双脚一般要求要靠近并拢,也可以将重心置于某一脚上,即一腿伸直,另一腿则略微前伸,双脚可调整成"V"字形或者"丁"字形。女性站姿如图2-3所示。

图2-2　男性站姿　　图2-3　女性站姿

三　不良站姿

不良的站姿，就是服务人员在工作岗位上不应当出现的站立姿势。它们要么姿态不雅，要么缺乏敬人之意。服务人员若是任其自然，不加以克服，往往会无意之中使本人形象受损。不良站姿大致有如下八种。

1. 身躯歪斜

服务人员在站立时，若是身躯出现明显的歪斜，例如头偏、肩斜、身歪、腿曲，或是膝部不直，不但会看上去东倒西歪，直接破坏人体的线条美，而且还会让人觉得该服务人员颓废消沉、萎靡不振、自由放纵。

2. 弯腰驼背

弯腰驼背是一个人身躯歪斜时的一种表现。除去腰部弯曲、背部弓起之外，还会同时伴有颈部弯缩、胸部凹陷、腹部挺出、臀部撅起等不良体态。凡此种种，显得一个人缺乏锻炼，健康不佳，无精打采，往往对个人形象的损害会很大。

3. 趴伏倚靠

在工作岗位上，服务人员要确保自己"站有站相"，就不能在站立时自由散漫。在站立之际，随随便便地趴在一个地方，伏在某处左顾右盼，倚着墙壁、货架而立，靠在桌柜边上，或者前趴而后靠，都是不可取的。

4. 双腿大叉

不管是采取基本的站姿，还是采取变化的站姿，服务人员均应切记：自己双腿在站立时分开的幅度，一般情况下越小越好，双腿并拢最好。即使是将其分开，通常也要注意不可使二者之间的距离比本人的肩部更宽。

5. 脚位不当

正常情况下，双脚站立时呈现出"V"字式、"丁"字式、平行式等脚位，都是允许的。但是，采用"人"字式、蹬踏式等脚位，则是不允许的。所谓"人"字式脚位，指的是站立时两脚脚尖靠在一处，而脚后跟之间却大幅度地分开。有时，这一脚位又叫"内八字"。所谓蹬踏式，则是指站立时为图舒服，一只脚站在地上的同时，将另外一只脚踩在鞋帮上、踏在椅面上、蹬在窗台上、跨在桌面上。

6. 手位不当

在站立时，服务人员的手位如果不当，同样也会破坏站姿的整体效果。不当的手位主要有：一是将手放在衣服的口袋内；二是将双手抱在胸前；三是将两手抱在脑后；四是将双肘支于某处；五是两手托住下巴；六是手持私人物品。

7. 半坐半立

在工作岗位上，服务人员必须严守岗位规范，该站就站，该坐就坐，而绝对不允许在需要站立之时，采取半坐半立的姿势。

8. 浑身乱动

在站立时，是允许略做体位变动的。不过从总体上讲，站立是一种相对静止的体态，因此不宜在站立时频繁地变动体位，甚至浑身上下乱动不止。手臂挥来挥去，身躯扭来扭去，腿脚抖来抖去，都会使一个人的站姿变得十分难看。

模块 2　坐　　姿

坐姿是人们在日常生活和工作中最常使用的一种仪态,商务人员无论伏案工作、参加会议、洽谈业务还是娱乐休息都离不开坐。坐姿是静态的,但是它能向交际对象传递自身的信息。懒散、歪斜的坐姿往往令人讨厌,而端庄优美的坐姿在展示高雅庄重风范的同时,也传递着友好诚挚和积极热情的信息。

一　下肢的体位

坐好之后下肢的体位主要由双腿与双脚所处的不同位置所决定,下肢的体位主要有以下八种。

1. 正襟危坐式

正襟危坐式又称最基本的坐姿,适用于最正规的场合。要求上身与大腿、大腿与小腿、小腿与地面,都应当成直角。双膝双脚完全并拢,如图2-4所示。

2. 垂腿开膝式

垂腿开膝式多为男性所使用,也较为正规。要求上身与大腿、大腿与小腿,皆成直角,小腿垂直地面。双膝分开,但间距不得超过肩宽。

3. 双腿叠放式

双腿叠放式适合穿短裙子的女性采用,造型极为优雅,有一种大方、高贵之感。要求将双腿完全地一上一下交叠在一起,交叠后的两腿之间没有任何缝隙,犹如一条直线。双腿斜放于一侧,斜放后的腿部与地面呈45°角。叠放在上的脚尖垂向地面,如图2-5所示。

4. 双腿斜放式

双腿斜放式适用于穿裙子的女性在较低处就座使用。要求双膝先并拢,然后双脚向左或向右斜放,力求使斜放后的腿部与地面呈45°角,如图2-6所示。

图2-4　正襟危坐式坐姿

图2-5　双腿叠放式坐姿

图2-6　双腿斜放式坐姿

5. 双脚交叉式

双腿交叉式适用于各种场合,男女皆可选用。要求双膝先要并拢,然后双脚在踝部交叉。交叉后的双脚可以内收,也可以斜放。但不宜向前方远远直伸出去。

6. 双腿内收式

双腿内收式适合于一般场合,男女皆宜。要求两大腿首先并拢,双膝略打开,两条小腿分开后向内侧屈回。

7. 前伸后屈式

前伸后屈式是女性适用的一种优美的坐姿。要求大腿并紧之后,向前伸出一条腿,并将另一条腿向后屈回,两脚脚掌着地,双脚前后要保持在同一条直线上。

8. 大腿叠放式

大腿叠放式多为男性在非正式场合采用。要求两条腿在大腿部分叠放在一起。叠放之后位于下方的一条腿垂直于地面,脚掌着地。位于上方的另一条腿的小腿则向内收,同时脚尖向下。

二 上身的体位

就坐姿而论,除了下肢的体位之外,上身的体位,即坐好之后,头部、躯干与上肢的具体位置,也极其重要。

1. 头部

头部需要始终保持端正,就座时,防止出现仰头、低头、歪头、扭头等情况。

坐定之后的标准头位,应当头部抬直,双目平视,下颌内收。整个头部看上去,应当如同一条直线,与地面相垂直。出于实际需要,在办公时允许低头俯看桌上的文件、物品,但在回答他人问题时,则务必要抬起头来,不然就带有爱答不理的意思。在与人交谈时,可以面向正前方,或者面部侧向对方,但不准将后脑勺对着对方。

2. 躯干

坐好之后,身体的躯干部位也要端正。需要注意的地方有以下四点。

(1) 椅背的倚靠。倚靠主要是为了休息,所以因工作需要而就座时,通常不应当将上身完全倚靠着座椅的背部,可能的话,最好一点也别倚靠。

(2) 椅面的占用。既然不宜经常倚靠椅背,那么就同时存在着椅面的占用问题。在尊长面前,一般不宜坐满椅面,坐好后占其 3/4 左右,最为适当。

(3) 身体的朝向。与他人交谈时,为表示对其重视,不仅应面向对方,而且同时应将整个上身朝向对方。不过一定要注意,侧身而坐时,躯干不要歪扭倾斜。

(4) 基本的轮廓。在大庭广众前就座时,躯干的基本轮廓要力求美观宜人。最重要的是,躯干要挺直,胸部要挺起,腹部要内收,腰部与背部一定要直立。

3. 手臂

根据实际需要,服务人员坐好后手臂摆放的正确位置主要有以下五种。

(1) 放在两条大腿上。具体来讲方法有三:一是双手各自扶在一条大腿上;二是双手叠放后放在两条大腿上;三是双手相握后放在两条大腿上。要强调的是,将手放在小腿上是不可取的。

(2)放在一条大腿上。侧身与人交谈时,通常宜将双手置自己所侧方面的那条大腿上。具体方法有二:一是双手叠放;二是双手相握。

(3)放在皮包文件上。当穿短裙的女士面对男士而坐,而身前没有屏障时,为避免"走光",一般可将自己随身携带的皮包或文件放在并拢的大腿上。随后,即可将双手或扶,或叠,或握后置于其上。

(4)放在身前桌子上。将双手平扶在桌子边沿,或是双手相握置于桌上,都是可以的。有时,亦可将双手叠放在桌上。

(5)放在身旁扶手上。坐定后,可将手摆放于座椅的扶手之上。正确的方法是:正身而坐时,宜将双手分扶在两侧扶手上。侧身而坐时,则应当将双手叠放或相握后,置于侧身方向的扶手上。

三 不良坐姿

商业服务人员在工作和生活中,应该遵照上述的坐姿要求,避免出现坐姿不良的情况,下面列出七种常见的错误坐姿,如果自身存在这些不良习惯,应该注意加以克服。

1. 脚跟触及地面

通常不允许仅以脚跟触地,而将脚尖跷起。

2. 随意架腿

坐下之后架起腿来未尝不可,但正确的做法应当是两条大腿相架,并且不留空隙。如果高跷"二郎腿",即把一条小腿架在另外一条大腿上,并且留有很大的空隙,就不妥当了。

3. 腿部抖动摇晃

在别人面前就座时,切勿反复抖动或是摇晃自己的腿部,免得令人心烦意乱,或者给人以不够安稳的感觉。

4. 双腿直伸

坐下之后不要把双腿直挺挺地伸向前方。身前有桌子的话,则要防止把双腿伸到其外面来。不然不但坐姿缺乏美感,而且还会有碍于人。

5. 腿部高跷蹬踩

为了贪图舒适,将腿部高高跷起,架上、蹬上、踩踏身边的桌椅,或者盘在本人所坐的座椅上,都是极不妥的。

6. 脚尖指向他人

坐定后一定要避免自己的脚尖直指别人,跷脚之时,尤其忌讳这一动作。使脚尖垂向地面,或斜向左、右两侧才是得体的。

7. 双腿过度叉开

面对别人时,双腿过度地叉开,是极不文明的。不管是过度地叉开大腿还是过度地叉开小腿,都是失礼的表现。

模块3 走 姿

走姿就是人行走的姿势和体态,它是站姿的延续动作,是在站姿基础上展示人的动态美的极好手段。无论日常生活还是社交场合，走姿往往是最引人注目的体态语言。优雅、稳健的走姿在给人以美的享受的同时，也反映出积极向上的精神状态。图2-7展示了日常工作和生活中的优美走姿。

图2-7　优美的走姿

一　走姿四要素

正确的走姿是以站姿为基础的，行走时应上身挺直，收腹立腰，头部端正，眼睛平视，下颌微收，面带微笑，表情自然，精神饱满；双肩平稳，双臂前后摆动自然且有节奏，摆幅以30°~50°为宜；起步时身体重心向前方微倾，行进时要用腰力，身体重心要有意识落在前脚掌上，落地时应该脚跟先着地。具体而言，一个人的走姿美不美，关键在于步位、步幅、步速和步韵四个方面。

1. 步位标准

步位即行进时脚步的方向，明确的方向会给人以稳重之感。在行走时，以脚尖对着前方，形成一条虚拟的直线。每走一步，脚跟都应落在这条直线上，如图2-8所示。

图2-8　行进时的步位

2. 步幅适度

在行进时，最佳的步幅为一脚之长。即男士每步约40 cm，女士每步约36 cm。与此同时，步子的大小还应当大体保持一致。着装不同，步幅也不同，如女士穿裙装（特别是旗袍、西服裙或礼服）和穿高跟鞋时，步幅应小些。

3. 步速均匀

步速虽然是可以变化的,但在某一特定的场合,步速一般要保持稳定,不宜忽快忽慢。一般认为,在正常的情况下,服务人员每分钟之内走 60～100 步是比较正常的。

4. 步韵优美

行进过程中,应注意使自己的重心随着脚步的移动不断地向前过渡,而切勿使身体的重心落在脚后跟上。走路时要以脚跟首先落地,膝盖在脚落地时应当伸直,腰部要成为重心移动的轴线,双臂要在身体两侧一前一后自然摆动。昂首挺胸,步伐轻松而矫健。其中最为重要的是,行走时应面对前方,两眼平视,挺胸收腹,直起腰背,伸直腿部,使自己的全身从正面看上去犹如一条直线,步伐具有节奏感和韵律感。

二 不同着装时的步态

为了体现商业企业的服务形象、服务精神,各企业要求员工统一着装。一些现代化的大型的综合商场因服务岗位不同,服务人员的着装也有所不同。但无论在哪一服务岗位,服务人员的举止、步态与所着装的款式要协调,这样不仅能充分体现企业的形象,也能充分展示个人的风度,给人和谐的美感,下面介绍不同款式着装的步态特点。

1. 穿西装时的步态

穿西装要保持身体挺拔、后背平正、两腿直立。走路的步幅可略大些,手臂自然放松伸直摆动,手势要简捷、明了、大方。站立时,两腿可并拢,或者分开,间距不超过肩宽。行走时男士不要晃肩,女士髋部不要左右摆动。

西装的款式是以直线为特点,因此要求着西装的人举止要庄重、大方,步态要舒展、矫健。

2. 穿旗袍时的步态

旗袍是中华民族具有浓厚民族气息的服装,富有曲线的韵律美,能反映东方女性柔美的风韵。一些大型商厦的迎宾小姐、引位员、礼仪导购人员或参加开业典礼等服务活动的礼仪小姐着旗袍较为适宜。穿旗袍要求身体挺拔、胸微含,下颌微收、立腰、提臀。穿旗袍配高跟鞋或平底鞋,走路的步幅不宜大,两脚的内侧要落到一条线上,脚尖略外展,两手臂在体侧摆动,幅度也不宜太大,髋部可随着脚步和身体的重心移动稍左右摆动,站立时双手叠放在腹前或一屈一伸。

穿旗袍时的举止步态,要与服装的款式相适应,体现柔和、含蓄、妩媚、典雅的风格。

3. 穿平底鞋时的步态

穿平底鞋走路比较轻巧,要脚跟先着地,然后过渡到脚掌,用力均匀适度,身体重心的推送过程要平稳,步幅可稍大。但是抬腿不宜过高,脚跟接触地面时间也不宜过长,否则给客人一种松懈的感觉。

4. 穿高跟鞋时的步态

穿高跟鞋后由于脚跟提高,身体重心自然前移,为保持身体的平衡,必须挺胸、抬头,收下颌,收腹提臀,前后夹紧,膝盖绷直,全身为挺拔向上的感觉。行走时步幅不宜过大,膝盖不要过弯,两腿并拢,两脚内侧落到一条线上,脚尖略外开,足迹成柳叶状,俗称"柳叶步"。

三 变向走姿

变向走姿是指在行进过程中需要改变方向时体现出来的姿态。此时应该采用合理的方法,体现出规范和优美的步态。常用的有四种方法:引导步、前行转身、侧行和后退转身。

1. 引导步

引导步是用于走在前边给宾客带路的步态。引导时要尽可能走在宾客左侧前方,整个身体半转向宾客方向,保持两步的距离,遇到上下楼梯、拐弯、进门时,要伸出左手示意,并提示请客人上楼、进门等。

2. 前行转身

有两种情况需要前行转身:一是前行右转,应以左脚掌为轴心,在左脚落地时,向右转体90°,同时迈出右脚;二是前行左转,与上一种情况的做法正好相反。

3. 侧行

在行进时,有两种情况需要侧行。一是与同行者交谈时。具体做法是,上身宜转向交谈对象。距对方较远的一侧肩部朝前,距离对方较近的一侧肩部稍后,身体与对方身体之间保持一定的距离。二是与他人狭路相逢时。此刻宜两肩一前一后,胸部转向对方,而身体不应转向对方。

4. 后退转身

后退转身分为三种情况。一是后退右转。先后退几步,以左脚掌为轴心,向右转体90°,同时向右迈出右脚。二是后退左转。先后退几步,以右脚掌为轴心,向左转体90°,同时向左迈出左脚。三是后退后转。先后退几步,以左脚为轴心,向右转体180°,然后迈出右脚;或是以右脚为轴心,向左转体180°,然后迈出左脚。后退时脚宜轻擦地面,转体时,宜身先头后,先转身或头、身同时转都是不妥的。

四 走姿禁忌

忌横冲直撞。行走时在人群当中乱冲乱闯,甚至碰撞他人的身体,这是极其失礼的。

忌抢道先行。行进中在通过人多路窄之处必要讲究"先来后到",对他人礼让三分。

忌蹦蹦跳跳。必须保持自己的风度,不宜使自己的情绪过分表面化,出现上蹿下跳甚至连蹦带跳的失态情况。

忌制造噪声。一是走路时要轻手轻脚,不要在落地时过分用力,走得"咚咚"直响;二是在比较安静的公共场合不要穿带有金属鞋跟或带有金属鞋掌的鞋子;三是平时所穿的鞋子一定要合脚,否则走路时会发出令人厌恶的噪声。

按照社交礼仪的要求,行走最忌"内八字""外八字"不雅步态;不可弯腰驼背、摇头晃肩、扭腰摆臀;不可膝盖弯曲,或重心交替不协调;不可走路时吸烟、双手插在裤兜;不可左顾右盼;不可无精打采,身体松垮;不可摆手过快,幅度过大或过小。

模块4 蹲 姿

蹲姿是人体在低处取物、拾物、整理工作环境或自己鞋袜时所呈现的姿态,它是人体静态美和动态美的结合。蹲是由站、立的姿势转变为两腿弯曲和身体高度下降的姿势。为了使蹲姿得体,应该注意蹲姿的基本要求。

一　采用蹲姿的时机

在工作岗位上,通常不允许服务人员采用蹲的姿势去直接面对自己的服务对象。服务礼仪规定,只有遇到下述几种比较特殊的情况,才允许服务人员在其工作之中酌情采用蹲的姿势。

(1)整理工作环境。在需要对自己的工作岗位进行收拾、清理时,可采取蹲的姿势。

(2)给予客人帮助。需要以下蹲之姿帮助客人时,可采取蹲的姿势,如照顾儿童。

(3)提供必要服务。一般认为,当服务人员直接服务于客人,必要时,可采用下蹲的姿势。另外,当客人坐处较低,以站立姿势为其服务既不方便,又因高高在上而失敬于人时,亦可改用蹲的姿势。

(4)捡拾地面物品。当本人或他人的物品落到地上,需要拿起来时,不宜弯身捡拾拿取,此刻,采用蹲的姿势最为恰当。

(5)自己照顾自己。有时,需要自己照顾一下自己,如整理一下自己的鞋袜,亦可采用蹲的姿势。

二　蹲姿的要求

当需要拾捡低处或地面物品时,应走到物品的左侧下蹲;当面对他人下蹲时,应侧身相向;当需要整理鞋袜或整理低处物品时,可面朝前方,两脚一前一后,一般情况是左脚在前,右脚在后,目视物品,直腰下蹲。上体要正直,单腿下蹲。女士若穿低领上装,下蹲时应注意用一只手护着胸口。

另外,女性应该注意在蹲下后将两腿靠紧,臀部向下,使头、胸、膝关节不在同一角度上,以塑造典雅优美的蹲姿。

三　几种常见蹲姿

1. 高低式蹲姿

高低式蹲姿的基本特征是双膝一高一低。其要求是:下蹲时,双腿不并排在一起,而是右脚在前,左脚在后;右脚完全着地,小腿基本上垂直于地面;左脚脚掌着地,脚跟提起。此时,左膝应低于右膝,左膝内侧靠于右膝的内侧,形成右膝高于左膝的姿态。此时,女性要靠紧双腿,男性则可以适度地将双腿分开,臀部向下。服务人员选用这种蹲姿既方便,又优雅,如图2-9所示。

2. 交叉式蹲姿

交叉式蹲姿通常适用于女性,尤其是穿着短裙的女性。其优点是造型优美、雅典;基本特征是蹲下后双腿交叉在一起。基本要求是:下蹲时,右脚在前,左脚在后,右小腿垂直于地面,全脚着地。右腿在上,左腿在下,二者交叉重叠。左膝由后下方伸向右侧,左脚跟抬起,并交叉着地。两腿前后靠近,合力支撑身体。上身略向前倾,臀部向下,如图2-10所示。

图2-9 高低式蹲姿

图2-10 交叉式蹲姿

3. 半蹲式蹲姿

半蹲式蹲姿多在行进中临时采用。基本特征是身体半立半蹲。其要求是：在下蹲时，上身稍许弯下，但不宜与下肢构成直角或锐角；臀部应向下而不是撅起；双膝略微弯曲，其角度根据需要可大可小，但一般均为钝角；身体的重心应放在一条腿上。

4. 半跪式蹲姿

半跪式蹲姿又叫作单跪式蹲姿。这是一种非正式的蹲姿，多用于下蹲时间较长，或为了用力方便时才采取的。基本特征是双腿一跪一蹲。其基本要求是下蹲之后，改为一腿单膝着地，臀部坐于脚跟之上，而其脚尖着地。另外一条腿应当全脚着地，小腿垂直于地面。双膝应同时向外，双腿应尽量靠拢。

四 蹲姿的禁忌

忌突然下蹲。在行进中需要下蹲时，切勿速度过快，否则会令人产生突兀惊讶之感。

忌离人太近。在下蹲时应注意与身边的人保持一定的距离，以防彼此迎头相撞或产生不必要的误会。

忌弯腰撅臀。在大庭广众之下下蹲时，切不可直腿弯腰撅臀或双腿下蹲，尤其是身着裙装的女士绝不可采用这种蹲姿。

忌平行下蹲。两腿左右分开平行下蹲，即便是直腰下蹲，也有伤大雅，对他人也是一种失礼、不敬的行为。

忌方位失当。在他人身边下蹲时，最好要与之侧身相向。正面面对他人或背部面对他人下蹲，都是不礼貌的。

模块 5 手　　势

手势是指表示某种意思时用手所做的动作，也是一种表现力较强的体态语言。商务活动中，恰当地使用手势，有助于语言表达，并且能给人以肯定、明确的印象，增强感染力。

一 使用手势的要求

1. 速度适中

手势速度不宜过快,否则会给人以杂乱无章、不稳重、不和谐的感觉,而且难以让人有一个心理过渡,无法引人注目,反而造成紧张感。

2. 力度适宜

手势力度大可以表现出果断和坚定的信心,手势力度小可以显示优雅细腻,但力度过大也缺乏美感和艺术感。手势力度轻重适宜才能产生"柔中带刚"的美感。

3. 动幅适度

与人交谈时的手势不宜过多,动作不宜过大,手势动幅应服从内容表达和对象、场合的需要,不要刻意模仿,更不能随意挥舞。若要表达理想、希望等积极肯定的思想感情,动幅可高于肩部。若要表达叙事和说明等比较平静的思想,动幅应该控制在肩部至腰之间。若要表示否定的意思,动幅应在腰部以下。但无论两臂如何挥动,两腋都要微微夹住,手肘尽量靠近自身,两臂横动不可超过两尺半。

4. 弧度优美

手势弧度越优美,越能体现出对他人的敬意。所以,手部动作要如水一般流畅,似风一样自然,手势运动轨迹要柔和协调。手势弧度动作要与语言表达、面部表情相协调。

二 不同场合的手势

根据不同的场合以及所要表达的思想,社交活动中的手势可以分为四大类:情感手势、指示手势、形象手势和象征手势。其中,服务人员最常用到以下几种手势。

1. 指引手势

运用手势为客人指示方向或接引顾客时,要用全手掌,食指以下靠拢,拇指向内侧轻轻弯曲。手掌要自然伸直,手指自然并拢,腕关节要伸直,手腕与小臂要形成直线,掌心要朝斜上方,以肘关节为轴,弯曲140°左右为宜,手掌与地面呈45°为宜,手臂前伸时,上肢可微微前倾5°~10°,眼神要与手势方向一致。指示方向,切不可用单手指。在与客人交谈时,手势不宜过多,动作不可过大,手势速度快慢及时间长短要根据场景来控制。在表示"请"时,应该用右手。

2. 招呼手势

向远距离的人打招呼时,伸出右手,五指自然并拢,右胳膊伸直高举,掌心朝着对方,轻轻摆动。不可向上级和长辈招手。根据不同国家的习惯来采取掌心向下或向上的招手方式。

3. 举手致意

面向对方举手致意时,应全身直立,面向对方,至少上身与头部要朝向对方。在目视对方的同时要面带微笑,手臂应由下而上向侧上方伸出,可略微弯曲,也可全部伸直,指尖此时要朝向上方且手掌要伸开。

4. 握手

手要洁净、干燥和温暖。先问候再握手。伸出右手,手掌呈垂直状态,五指并拢,握手 3s

左右。不要用左手握手。与多人握手时,遵循先尊后卑、先长后幼、先女后男的原则。若戴手套,先脱手套再握手,切忌戴着手套握手或握完手后擦手。握手时注视对方,不要旁顾他人、他物。用力要适度,切忌手脏、手湿、手凉和用力过大。与异性握手时用力轻、时间短,不可长时间握手和紧握手。掌心向上,以示谦虚和尊重,切忌掌心向下。为表示格外尊重和亲密,可以双手与对方握手。要按顺序握手,不可越过其他人正在相握的手去同另外一个人握手。

5. 道别手势

挥手道别时,身体要站立,目光要注视对方,手臂要伸直呈一直线,手置于身体一侧,向前向上抬至与肩同高或略高于肩,掌心向外左右挥动。

6. 持物手势

服务人员在工作中经常需要帮助他人手持某种物品。在为客人服务过程中,手持物品要稳妥、自然、到位、卫生。图2-11展示了规范的持物手势。

稳妥。手持物品时,可根据其具体重量、形状以及易碎与否,采取不同的手势。既可以使用双手,也可以只用一只手,最重要的是要确保物品的安全,尽量轻拿轻放,同时也要防止伤人或伤己。

自然。手持物品时,服务人员可依据本人的能力与实际需要,酌情采用拿、捏、提、握、抓、夹等不同的姿势。

到位。有不少物品,在需要手持时,应当将手置于一定位置。

卫生。为人取拿食品时,切忌直接下手。敬茶、斟酒、送汤、上菜时,千万不要把手指搭在杯、碗、碟、盘边沿,更不能使手指浸泡在其中。

7. 递接物品

接物品时,应当目视对方,而不要只注视物品;一定要用双手或右手接于手中,必要时,应当起身而立,并主动走近对方;当对方递过物品时,再以手去接。

递物时最好采用双手,不方便双手并用时,也要采用右手。以左手递物,通常被视为失礼之举;若双方相距过远,递物者理当主动走近接物者,假如自己坐着的话,还应尽量在递物时起身站立;服务人员在递物于人时,应为对方留出便于接取物品的地方,不要让其感到接物时无从下手。递物时以交到对方手中为好,尽量不得将物品放于他处;将带尖、带刃或其他易于伤人的物品递于他人时,切勿以尖、刃直指对方,应使之尖、刃向内;递交公文时应该将文字正对对方。图2-12展示了规范的递接物品手势。

图2-11 规范的持物手势

图2-12 规范的递接物品手势

8. 展示物品

为了便于观看,一定要将被展示之物正面对着对方,举至一定的高度,并令其有足够的时间观看。当四周都有观众时,展示物还须变换不同的角度。在展示物品时,一般有四种手位。一是将物品举至高于双眼之处,这一手位适于被人围观时采用。二是将双手举至双臂横伸时,自肩至肘之处,上不过眼部,下不过胸部。这一手位易于给人以安全感。三是将物品举至双臂横伸时,肘部之外,上不过眼,下不过胸之处。四是将物品举至胸部以下之处,但是这一手位显得不够大方,一般不予采用。

三 商业服务人员的常用手势

1. 横摆式

在商业服务工作中,经常使用横摆式手势表示"请"的意思。

以右手为例,横摆式手势动作要求如下:五指并拢伸直,掌心向上,手掌平面与地面呈45°,肘关节微屈为140°左右,腕关节要低于肘关节;做动作时,手从腹前抬起,至上腹部处,然后以肘关节为轴向右摆动,摆到身体右侧稍前的地方停住。注意不要将手臂摆到体侧或体后,同时身体和头部微由左向右倾斜,视线也由此随之移动;双脚并拢或呈右丁字步,左臂自然下垂,目视客人,面带微笑,如图2-13所示。

2. 直臂式

当给客人指示方向时,可采用横摆式手势,也可采用直臂式手势。

以左手为例,直臂式手势具体动作要求如下:五指并拢伸直,屈肘由身前向左斜前方抬起,抬到约与肩同高时,再向要指示的方向伸出前臂。身体保持立正,微向左倾。与"横摆式"不同的是,手臂的高度要与肩同高,肘关节基本伸直,略带弯度,如图2-14所示。

图2-13 横摆式手势

图2-14 直臂式手势

3. 曲臂式

当一只手手扶房门或者电梯门,或者一只手在拿着东西时又需要做出"请"或"指示方向"的手势时,可以采用曲臂式手势。

以右手为例,曲臂式手势具体动作要求是:五指伸直并拢,从身体的右侧前方,由下向上抬起,抬至上臂离开身体45°的高度时,以肘关节为轴,手臂由体侧向体前的左侧摆动,摆到距身体20cm左右处停住,掌心向上,手尖指向左方,头部随客人由右转向左方,如图2-15所示。

4. 斜臂式

当需向客人向斜下方指示方向时,可采用斜臂式手势。

以左手为例,斜臂式手势具体做法如下:屈左臂由身前抬起后,以肘关节为轴,前臂由上向下摆动,使手臂向下成为一条斜线,掌心向斜下方,并面带微笑示意客人,这种手势一般在向客人指示斜下方商品时,或在会议桌前、餐桌前拉椅让座时使用,如图2-16所示。

图2-15　曲臂式手势　　　　图2-16　斜臂式手势

5. 双臂横摆式

若举行重大的庆典活动时,来宾较多,向众多的来宾表示"请"或指示方向时可采用双臂横摆式手势。

双臂横摆式具体动作要求如下:两手五指分别伸直并拢,掌心向上从腹前抬起至上腹部处,双手上下重叠,同时向身体两侧摆动,摆至身体的侧面;肘关节略弯曲,上身稍向前倾,面带微笑,头微点向客人致意,如图2-17a)所示。如果来宾站在某一侧,也可将两手臂向同一侧摆动,如图2-17b)所示。

6. 双臂竖摆式

双臂竖摆式手势,一般在较为隆重的场合,需要同时向广大来宾做出"请开始"或"请入座"的表示时,为了使前后的来宾都能看到手势而运用的。该手势的动作是:将双手手指相对,由腹前抬到肩的高度,再向两侧分开,向下到腰部。同时目光环视全场来宾,并面带微笑,伴有恰当的祝词,表示欢迎或祝贺,如图2-18所示。

四　使用手势的禁忌

在社交和服务场合,手势的使用不宜过于简单重复,也不宜过多、过大、过快和过高。在交谈中不能用食指指向对方,更不能在别人面前指指点点。在与女士交流时,应注意手势运用的分寸。女士更应注意手势优雅。在陌生的场合或不熟悉的人面前切不可出现捻指手势。手势点到就行,适可而止。特别要注意避免一些与交往礼仪不和谐的手势,如与人交谈时当众搔头皮、掏耳朵、抠鼻子、咬指甲、剔牙齿、双手抱头、摆弄手指、手插口袋、用手指人等。

图 2-17　双臂横摆式手势　　　　　　　　　　图 2-18　双臂竖摆式手势

模块 6　表　　情

表情是指人的面部情态,即通过面部眉、眼、鼻的动作和脸色的变化表达出来的、内心的思想感情。在体态语中,面部表情最为丰富,并且最具表现力,能迅速而又充分地表达各种感情。在社交和服务场合,展现出来的表情应该是情切、热情、自然、大方,符合氛围的要求。

人的表情是可以调控的,商务人员应学会在与他人交往时驾驭自己的表情,使喜怒哀乐在不同的场合、环境和交往对象身上得到适当的体现和发挥。商务人员控制表情绝不是去装模作样,而是通过调控表情来调控自己的心境,使自己在任何时候都能做到沉着冷静、从容不迫、真诚有礼、热情大方,再配上优雅的举止,对于宣传产品、争取合作、推动工作的开展,将起到积极的作用。对于商业服务人员而言,最需要掌握的表情是眼神和微笑,下面分别予以介绍。

一　眼神

眼神是面部表情的核心,是心灵的窗口。心理学家认为:最能准确表达人的感情和内心活动的是眼睛和眼神。在社交和服务场所,眼神是一种深情的、含蓄的无声语言,往往可以表达有声语言难以表现的意义和情感。人的眼睛时刻在"说话",通过眼睛和眼神完全可以来判断他人的第一印象,眼神反映着他的性格和内心动向。

1. 注视的时间

与他人交谈时,不可长时间地凝视对方。一般情况下,眼睛有 50% 的时间注视对方,另外 50% 的时间注视对方脸部以外 5~10cm 处。对东方人也可只保留 1/3 时间注视对方,自始至终地注视对方是不礼貌的。在社交场合,无意与别人的目光相遇不要马上移开,应自然

对视1~2s,然后慢慢离开。与异性目光对视时,不可超过2s,否则将引起对方无端的猜测。必须根据所观看的对象和场合把握好注视的时间。

2. 注视的位置

用目光注视对方,应自然、稳重、柔和,而不能死盯住对方某部位,或不停地在对方身上上下打量,这是极失礼的表现。注视对方什么位置,要依据传达什么信息、造成什么气氛而异;要依据不同场合、不同对象而选择具体目光所及之处和注视的区间。一般来讲,服务人员在服务于人时,可以注视对方的身体部位有四处。

(1)对方的双眼。

注视对方的双眼,既可表示自己对对方全神贯注,又可表示对对方所讲的话正在洗耳恭听。问候对方、听取诉说、征求意见、强调要点、表示诚意、向人道贺或与人道别,皆应注视对方双眼;但是,时间上不宜过久,否则双方都会比较难堪。

(2)对方的面部。

与服务对象较长时间交谈时,可以对方的整个面部为注视区域。注视他人的面部时,最好不要聚焦于一处,而以散点柔视为宜。在工作岗位上接待服务对象时,其最为常用。

(3)对方的全身。

同服务对象相距较远时,服务人员一般应当以对方的全身为注视之点。在站立服务时,较为常用。

(4)对方的局部。

服务人员在工作中,往往因为实际需要,而对服务人员身体的某一部分多加注视。例如,在递接物品时,应注视对方手部;顾客在鞋店里试穿鞋子时,则要注视对方脚部。

3. 注视的角度

服务人员在注视服务对象时,所采用的具体角度是否得当,往往十分重要。既方便于服务工作,又不至于引起服务对象误解的具体的视角,主要有以下三种。

(1)正视对方。

正视,即在注视他人时,与之正面相向。同时还须将上身前部朝向对方。即便服务对象处于自己身体的一侧,在需要正视对方时,也要同时将面部与上身转向对方。正视对方,是对别人的一种基本礼貌。

(2)平视对方。

平视,即在注视他人时,身体与其处于相似的高度。平视与正视,一般并不矛盾。因为在正视他人时,往往要求同时平视对方。在服务工作之中平视服务对象,可以说是一种常规要求。这样去做,可以表现出双方地位的平等与本人的不卑不亢。

(3)仰视对方。

当服务人员所处的具体位置较服务对象低时,则需要抬头向上仰望对方。反之,若自己注视他人时所处的具体位置较对方高,则需要低头向下俯看对方。在仰视他人时,可给予对方重视、信任之感,故此服务人员在必要时可以这么做。俯视他人,则往往带有自高自大之意,或是对对方不屑一顾,故服务礼仪规定服务人员站立或就座之处不得高于服务对象。

另外,服务人员在注视服务对象时,视角要保持相对稳定,即使需要有所变化,也要注意过渡自然,不允许对对方进行反复打量。

4. 运用眼神的其他注意事项

在服务岗位上，服务人员应学会准确、恰当地用目光来表达自己热情真诚的服务态度，努力营造轻松、愉快的服务气氛。如果同时与多位客人交谈，应该注意兼顾各方与先来后到的顺序原则，对每个客人多加注视，同时以略带歉意、安慰的眼神环视等候的客人，巧妙地运用这种兼顾各方的眼神兼顾每一位客人，能体现出善解人意的优秀服务水准。

谈话中眯眼、斜视、俯视、瞟视、闭眼、游离不定、目光涣散、漫不经心等，都是极为忌讳的眼神，是对对方不尊重的一种表现。当别人难堪时，不要去看他；交谈休息时或停止谈话时，不要正视对方。但无论在哪种情况、哪种场合，与人交谈时都不要左顾右盼、上下打量、挤眉弄眼、摇头晃脑，也不要过多注视对方的胸部、腹部、臀部、大腿脚部、手部，如果对方是异性，尤其要注意避免注视这些"禁区"。

二　微笑

微笑可以表现出对他人的理解、关心和爱，是礼貌与修养的外在表现和谦恭、友善、含蓄、自信的反映。微笑是一种"情绪语言"，它来自心理健康者，是其心理健康的标志。保持微笑有利于调节情绪、消除隔阂，可以获得回报，有益身心健康，有效地打破交际障碍，缩短交往双方心理的距离，消除彼此间的陌生感，增强人际吸引力，从而为更好地沟通与交往创造有利的氛围。

1. 微笑的基本礼仪

微笑的美在于文雅、适度、亲切、自然，符合礼貌规范。微笑要诚恳和发自内心，做到"诚于中而形于外"，切不可故作笑颜，假意奉承，做出"职业性的笑"，更不要狂笑、浪笑、奸笑、傻笑、冷笑。发自内心的笑才能像扑面春风一样温暖人心，矫揉造作的笑只能招致别人的反感。

(1) 发自内心。

发自内心、自然适度的微笑，才是内心情感的自然流露，才能笑得自然亲切、温柔友善、恰到好处，切不可故作笑颜、假意奉承。微笑要做到表里如一，使微笑与自己的仪表、举止、谈吐相呼应。

(2) 适时尽兴。

微笑不但要讲究精神饱满、气质典雅，而且要注意适时尽兴，指向明确，不可以笑得莫名其妙，更不可在不明对方意图、听不懂对方语言的情况下贸然微笑。

(3) 表现和谐。

笑要由眼睛、眉毛、嘴唇、表情等方面协调完成，防止生硬、虚伪的假笑和笑不由衷。通常，一个人在微笑时，应当目光柔和发亮，双眼略为眯大，眉头自然舒展，眉毛微微向上扬起，力求表里如一。微笑要具有感染力。真正的微笑应该是发自内心的，是内心活动的一种自然流露。

(4) 亲切庄重。

微笑不宜发出笑声，特别是女士更要注意克制，切不可"咯咯"地笑个不停，更不能不分场合表现出显然不合时宜的微笑和大笑，兼顾服务对象，根据服务对象的实际情况和场合决定是否采取微笑或是采取怎样的微笑。

(5)始终如一。

在交际、服务场合,须将微笑贯穿于全过程,做到对所有的宾客一视同仁,微笑服务。

2.微笑的基本特征和方法

微笑的基本特征是:面含笑意,但笑容不甚显著。在一般情况之下,人在微笑之时,是不闻其笑声,不见其牙齿的。

微笑的基本方法是:先要放松自己的面部肌肉;然后使自己的嘴角微微向上翘起,让嘴唇略呈弧形;最后,在不牵动鼻子、不发出笑声、不露出牙齿,尤其是不露出牙龈的前提下,轻轻一笑。在此过程中,头要正,下颌微收,面部轻柔,眼神聚光有神,双眉舒展微微上扬,双唇微闭,牙齿微合,嘴角略向后收,面颊肌肉上送。若要让微笑自然持久,最好舌尖微舔上牙床。

实 训 指 导

一 基础训练

实训项目:通过多种方法分别训练规范的服务站姿、坐姿、蹲姿、眼神和微笑。

实训工具:镜子、书本、香火、椅子。

实训步骤:

(1)教师按照要求从上至下分项讲解,边讲解,边示范。

(2)分组。每组3~5人,每次其中一位同学按照自己平视的习惯自然进行站立、坐下、蹲下。组中其他同学进行观察,并记录他(她)不符合服务仪态规范之处,进行综合整理后,每位同学都获知自己的不足之处。

(3)每位同学针对自己的薄弱之处进行专门训练,训练方法将在"实训方法"中介绍。

(4)经过训练之后,再次重复第二步,如此反复,不断纠正自己的不良仪态。

实训方法:

(1)站姿训练。

①靠墙训练。站姿训练刚开始可以采取靠墙站立,训练直立、头正、梗颈、展肩、立腰、收腹、提臀、直腿、平视、微笑等基本要领。靠墙站立时,脚后跟、小腿肚、臀部、双肩、头部、背部都要贴墙。

②顶书训练。将书本放在头顶中心,此时头和躯体需要保持平稳,才能不使书本滑落下来。顶书训练可以纠正低头、仰脸、头歪、晃头以及左右张望的毛病。

③背靠背训练。背靠背训练需要两人一组,背靠背站立,两人的头部、肩部、臀部、小腿和脚跟紧靠,并在两人的肩部和小腿处各放置一张卡片,不能让其滑动或掉下。背靠背训练可以使后脑、臀部、小腿和脚跟保持在一个水平面上,使得在站立时有一个优美的后身。

④对镜训练。学生可以面对镜面,观察自己的站姿和整体形象,检查自己是否存在歪头、斜肩、含胸、驼背和弯腿等问题;如果有,则可以及时进行调整。

(2)坐姿训练。

训练各种优雅坐姿时,最好是在形体训练房进行,可以采用对镜训练和同伴互练法进行纠正。根据坐姿礼仪开展训练,整体要做到:上身正直,腰部挺起,下颌回缩,挺胸收腹,双肩放松放平,两眼平视,面带微笑,站态端正、舒适和高雅。

(3)蹲姿训练。

进行蹲下训练时,需要在站姿的基础上,右脚稍后退半步,两腿靠紧下蹲,左手从身后向下抚平衣裙,同时头略偏向左侧,努力使动作协调、自然优美;进行蹲姿拾物训练时,是在蹲下后将左手放在左膝盖上,右手或双手拾起笔记本站起,右腿向前半步,然后再行走,这样的姿势较为雅观。

训练各种优雅坐姿后,最好是在形体训练房进行,可以采用对镜训练和同伴互练法进行纠正。在较为熟练地掌握蹲姿后,还可以结合前面所学的站姿、坐姿、行姿等规范进行连贯训练。

(4)手势训练。

由于手势多用于两人交际之间,所以进行手势训练时,可以采用两人一组的方式,轮流扮演服务人员和顾客的角色,进行交互式的场景训练。双方相互学习、彼此矫正、互促规范,学会服务活动中的典型手势。

(5)眼神训练。

①盯视训练。眼睛盯住2~3m距离的某一物体。先选择较大范围,如物体的外形,盯住几分钟不眨眼睛。然后逐渐缩小范围,将目光集中在物体的一小部分。最后再缩小到某一点。这种训练方法可以达到目光集中,眼睛明亮的目的。

②香火训练。点上一炷香,视线集中于香头一点,并随其燃烧变化来转移视线。这种方法也可达到目光集中、眼睛明亮的目的。

(6)微笑训练。

①嘴形微笑训练。嘴形的微笑有"嘴角笑"和"唇形笑"两种,主要表现为在嘴角挂着一丝微笑和唇部充满笑意。训练的基本做法如下所述。首先将面部肌肉放松,额头肌肉收缩,使眉位提高,眉毛略弯曲成弯月形。其次是练习双颊肌肉用力向上抬高,使两边嘴角向上略微提起,并牵动颧骨肌和环绕眼睛的括纹肌的运动,但要注意下唇不要用力太大;唇部稍稍上提,双唇关闭,不露齿,使面部肌肤看上去充满笑意。最后是训练控制发声系统,微笑一般不应发出笑声。

②眼睛微笑训练。眼睛的微笑有"眼形笑"和"眼神笑"两种。训练的方法是,取一张厚纸,遮住眼睛以下的脸部,对着镜子,运用"情绪记忆法",想象美好的情境,回忆快乐的时光,眼睛之中便会露出自然的笑意,这时笑肌抬升收缩,嘴角上翘,显现微笑的口形。这时,把厚纸挪开,再放松面部肌肉,嘴唇恢复原样,目光中仍保留脉脉的笑意。这就是眼神在笑,它会使人感到温暖与亲切。这样经常反复练习,达到自我感觉最佳的状态为止。

实训要点:

(1)训练时着重在于手位、腿位和脚位,同时要注意整个身体协调、自然。

(2)训练两脚位置与两脚间的距离,并与手的位置和谐一致,使整个身体协调、自然,寻找整个躯体挺拔向上的良好感觉。

（3）训练时要精神饱满、心情愉悦，通体充满活力，并能给他人以感染力。

（4）时间适宜，应该控制在每次 20～30min，训练时最好配上轻松愉快的音乐用以调整心境，既可以防止训练的单调性，又可以减轻疲劳感。

二 综合实训

实训项目：在基础训练完成之后，模拟招待顾客的情景进行仪态的综合实践应用。

实训工具：桌子、椅子、文件、水杯，以一间教室模拟4S店。

实训步骤：

（1）分组。每组 3～5 人，每次其中一位同学扮演服务人员，组内其他同学扮演顾客前来买车。

（2）"服务人员"站立在门口恭候"顾客"。

（3）"顾客"莅临后，"服务人员"表示欢迎，并对顾客做出"请进"的手势。

（4）根据"顾客"的意愿，"服务人员"引导陪同"顾客"看车，并与顾客进行交谈。

（5）"顾客"大致确定购买意向后，"服务人员"引导"顾客"坐下，并将水和相关车型的文件资料递交到"顾客"手中，随后自行坐下。

（6）"顾客"不小心将文件掉落在地，"服务人员"蹲下拾起重新交给"顾客"。

（7）"服务人员"送"顾客"出门，并与"顾客"挥手道别。

实训要点：

（1）注意动作的连贯、协调和自然。

（2）在整个过程中，要注意随着活动的变化（介绍、交谈、倾听等），调整自己的姿态和表情。

思考与练习

一、判断题

1．在站立时，可以将双手抱于脑后。　　　　　　　　　　　　　　（　　）
2．女士不适合采用双脚交叉式坐姿。　　　　　　　　　　　　　　（　　）
3．工作匆忙时，可以边走路边吃东西。　　　　　　　　　　　　　（　　）
4．在没有顾客时，如果久站累了的话，只要姿势正确，蹲下也是可以的。（　　）
5．手势越多也就越能体现对顾客的热情。　　　　　　　　　　　　（　　）
6．与人交谈时，一直注视着对方才是礼貌的表现。　　　　　　　　（　　）
7．如果与客人谈得比较愉快，是可以发出笑声的。　　　　　　　　（　　）

二、选择题

1．下面哪种手位是站立时不合适的？（　　　）
　　A．双手叠放于腹前　　　　B．双手相握于背后　　　　C．插入裤袋

2. 下面哪种坐姿不适合于女性采用?(　　)
　　A. 双腿叠放式　　　　　B. 双腿斜放式　　　　　C. 大腿交叉式
3. 陪同顾客行进时,服务人员应该处于顾客(　　)。
　　A. 左前方1m　　　　　　B. 左后方1m　　　　　　C. 右前方1m
4. 上下楼梯时,应该(　　)。
　　A. 右侧上右侧下　　　　B. 右侧上左侧下　　　　C. 左侧上左侧下
5. 下面哪种手势不是表示指示方向的意思?(　　)
　　A. 双臂竖摆式　　　　　B. 双臂横摆式　　　　　C. 斜臂式
6. 下面哪种蹲姿不正确?(　　)
　　A. 交叉式　　　　　　　B. 半跪式　　　　　　　C. 平行式
7. 为顾客服务时,不可以(　　)顾客。
　　A. 正视　　　　　　　　B. 平视　　　　　　　　C. 侧视

三、思考题

1. 为什么说仪态美是一种动态的美?每个人应从哪些方面注意保持自己的优良仪态?
2. 联系自己的生活实际,回想自己在平时接受他人服务时的感受,思考这些感受的不同与当时接待自己的服务人员的仪态之间的关联。
3. 什么是微笑?为什么说"微笑是实现人际交往的通行证"?怎样才能使自己在服务工作中始终保持热情的微笑和和蔼的态度?

拓 展 学 习

一　不同服务场合的站姿

在服务行业,允许商务人员根据不同的服务场合,酌情采用变化的站姿,在实际工作中,主要有恭候站姿、接待站姿、柜台待客的站姿和在交通工具上的站姿。

1. 恭候站姿

恭候站姿是服务人员在自己的工作岗位上尚且无人接待,或者恭迎服务对象来临时采用的站姿,又称为"等人的站姿"或者"轻松的站姿"。恭候站姿最大的特点是可以使站立者感到比较轻松、舒适。不过,当服务对象已经来到自己面前,尤其是自己的下半身无屏障遮挡,或者对方是自己的重要客户时,最好不要采用这种站姿。

采用恭候站姿时,需要注意的是:双脚可以适度分开,两脚可以互换交替放松,并且允许一只脚完全着地的同时,抬起另外一只脚的脚跟以其脚尖着地。双腿可以分开一些或者自然地进行十字交叉,双膝可以稍微分开,但不能离得太远。肩、臂应自由放松,手不应随便摆动。上身应该伸直,两眼平视前方,避免晃动头部和向前伸出下巴。更重要的是,叉开的双腿不要反复不停地换来换去,避免给人留下浮躁不安、极不耐烦的印象。

2. 接待站姿

接待站姿顾名思义就是商务人员在自己的工作岗位上接待服务对象时采用的站姿,又

称为"为人服务的站姿"。身前没有屏障遮挡、受他人注视、与他人进行短时间交谈或者倾听他人诉说时,都可采用这种站姿。

采用接待站姿时,头部可以微微侧向自己的服务对象,但是一定要保持面部的微笑。手中可以持物,手臂自然下垂。在手臂垂放时,从肩部到中指应该呈现出一条自然的垂线。小腹不宜凸出,臀部同时应该紧缩。接待站姿最关键的地方在于双脚一前一后站成"丁字步",即一只脚的后跟靠在另一只脚的内侧;双膝在靠拢的同时,两腿的膝部前后略为重叠,这一站姿看上去较为优雅。

3. 柜台待客的站姿

采用柜台待客的站姿,有五点需要注意。

一是手脚可以适当地进行放松,不必始终保持高度紧张的状态。

二是可以一条腿为重心,将另外一条腿向外侧稍稍伸出一些,使双脚呈叉开之状。

三是双手可以指尖朝前轻轻地扶在身前的柜台之上。

四是双膝要尽量地伸直,不要出现弯曲。

五是肩、臂自由放松,在敞开胸怀的同时,一定要伸直脊背。

采取此种站姿,既可以使服务人员不失仪态美,又可以使其减缓疲劳。

4. 在交通工具上的站姿

在交通工具上的站姿,应当注意以下五点。

一是双脚之间可以以适宜为原则张开一定的距离,重心要放在自己的脚后跟与脚趾中间。不到万不得已,双脚的间距不宜宽于肩部。

二是双腿应尽量伸直,膝部不宜弯曲,应有意识地稍向后挺。

三是身子要挺直,臀部略微用力,小腹内收,不要驼背弯腰。

四是双手可以轻轻地相握胸前,或者以一只手扶着扶手、拉着吊环,但不要摆来摆去。

五是头部以直为佳,最好目视前方。服务人员采用此种站姿在交通工具上站立时,应尽可能与服务对象保持一定的身体距离,免得误踩、误撞到对方。

二 就座和离座

1. 就座

就座,即从走向座位到坐下的过程。就座时首先应该注意顺序,作为一名服务人员,应该首先请服务对象入座。

其次,要讲究入座的方位。不论是从正面、侧面还是背面走向座位,都应从左侧一方走向自己的座位,离座时也应从左侧一方离开,这就是所谓的"左进左出"原则。

第三,要落座得法。落座时要减慢速度,放轻动作,尽量不要弄出声响。女士着裙装入座时,事先要双手从后向前拢好裙子,切忌入座后整理裙装。图 2-19 展示了女性着裙装时的入座过程。

此外,在他人面前入座时,最好背对着自己的座椅入座,这样不会背对着对方。背对他人是不礼貌的。做法是:先侧身走近座椅,背对其站立,右腿后退一点,以小腿确认一下座椅的位置,然后随势坐下,不可弯腰低头或回头看座椅,必要时可用手搭扶座椅的扶手。为了使坐下后身体舒服,可在坐下后调整一下体位,但该动作不可与就座这一动作同时进行。

2. 离座

离座时,如果身边有人在座,须以语言或动作向其示意,随后方可起身,不要让邻座或周围的人受到惊扰。如果是和客户同时离座,需要先等客户起身后自己方可起身。

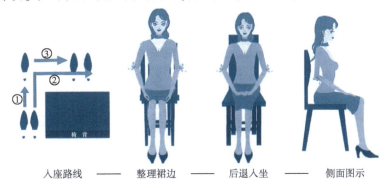

图 2-19 女性着裙装时的入座过程

起身离座时,要动作缓慢,避免"拖泥带水",弄响桌椅,或将椅垫、椅罩等弄掉。

离座起身后,先要按站姿的基本要求站定之后方可离去。若是起身便跑,或是离座与走开同时进行,则会显得过于匆忙,有失稳重。

三 走姿特例的规范

对于服务人员而言,除了掌握正常行进的走姿之外,还需要注意一些特例情况下的走姿规范,这些特例主要包括陪同引导、上下楼梯、进出电梯、出入房门等。

1. 陪同引导

陪同,指的是陪伴别人一同行进。引导,则是指在行进之中带领别人,有时又叫作引领、引路或带路。当服务人员在自己的工作岗位上服务于人时,经常有机会陪同或引导服务对象。陪同、引导服务对象时,一般应注意以下四点。

一是本人所处的方位。若双方并排行进时,服务人员应居于左侧。若双方单行行进时,则服务人员应居于左前方 1m 左右的位置。当服务对象不熟悉行进方向时,一般不应请其先行,同时也不应让其走在外侧。

二是协调的行进速度。在陪同引导客人时,本人行进的速度须与对方相协调,切勿我行我素,走得太快或太慢。

三是及时地关照提醒。陪同引导服务对象时,一定要处处以对方为中心。每当经过拐角、楼梯、道路坎坷或照明欠佳之处时,须关照提醒对方留意。绝不可以一声不吭,而让对方茫然或不知所措。

四是采用正确的体位。陪同引导客人时,有必要采取一些特殊的体位。请对方开始行进时,应面向对方,稍许欠身。在行进中与对方交谈或答复其提问时,应将头部、上身转向对方。

2. 上下楼梯

上下比较高的楼梯时,服务人员应当特别注意如下四点。

一是要走专门指定的楼梯。有些服务单位为方便顾客,往往规定本单位人员不得与顾客走同一个楼梯。

二是要减少在楼梯上的停留。楼梯多是人来人往之处,所以不要停在楼梯上休息、站在楼梯上与人交谈或是在楼梯上慢慢悠悠地行进。

三是要坚持"右上右下"原则。上下楼梯时,均不准并排行走,而应当自右侧而上,自右侧而下。这样便于有急事的人快速通过。

四是要注意礼让服务对象。上下楼梯时,千万不要同服务对象抢行。出于礼貌,可请对方先行。当自己陪同引导客人时,则应上下楼梯时先行在前。

3. 进出电梯

当服务人员在高楼大厦里工作时,免不了经常需要使用电梯。在使用电梯时,大致上应当注意四个问题。

一是要使用专用的电梯。假如单位做出了此种规定,则一定要自觉遵守。

二是要牢记"先出后进"。乘电梯时,一般的规矩是:里面的人出来之后,外面的人方可进去。

三是要照顾好服务对象。乘坐无人电梯时,服务人员须自己先进后出,以便控制电梯。乘坐有人操作的电梯时,服务人员则应当后进后出。

四是要尊重周围的乘客。进出电梯时,要侧身而行,免得碰撞、踩踏别人。进入电梯后,应尽量站在里边。人多的话,最好面向内侧,或与他人侧身相向。下电梯前,要做好准备,提前换到电梯门口。

4. 出入房门

进入或离开房间时,应注意如下细节。

要先通报。在出入房门时,尤其是在进入房门前,一定要采取叩门、按铃的方式,向房内之人进行通报。

要以手开关。出入房门时,务必要用手来开门或关门。在开关房门时,用肘部顶、用膝盖拱、用臀部撞、用脚尖踢、用脚跟蹬等不良做法,都不宜为服务人员所用。

要面向他人。出入房门,特别是在出入一个较小的房间,而房内又有自己的熟悉之人时,最好是反手关门,反手开门,并且始终注意面向对方,而不是把背部朝向对方。

要"后入后出"。与他人一起先后出入房门时,为了表示自己的礼貌,服务人员应当先请对方先进门、先出门,而自己后进门、后出门。

要为人拉门。在陪同引导他人时,服务人员有义务在出入房门时替对方拉门。

四 不同国家手势的含义

与不同国家、地区、民族的人交往,需懂得他们的手势语言,以免造成误解。

在用手势表示数字时,中国伸出食指表示"1";欧美人则伸出大拇指表示"1"。中国人伸出食指和中指表示"2";欧美人伸出大拇指和食指表示"2",并依次伸出中指、无名指和小拇指表示"3""4""5"。中国人用一只手的5个指头还可以表示6～10的数字;而欧美人表示6～10要用两只手,如展开一只手的五指,再加另一只手的拇指为"6",依此类推。在中国伸出食指指节前屈表示"9";日本人却用这个手势表示"偷窃"。中国人表示"10"的手势是将右手握成拳头;在英、美等国则表示"祝好运",或示意与某人的关系密切。

伸出一只手,将食指和大拇指搭成圆圈,美国人用这个手势表示"OK",是赞扬和允诺之意;在印度,则表示"正确";在泰国,则表示"没问题";在日本、缅甸、韩国,则表示"金钱";在法国,则表示"微不足道"或"一钱不值";斯里兰卡的佛教徒用右手做同样的姿势,放在颌下胸前,同时微微欠身颔首,表示希望对方"多多保重";在巴西、希腊和意大利的撒丁岛,这种手势则是一种令人厌恶的污秽手势;在马耳他,则是一句无声而恶毒的骂人语。

　　在欧洲,人们相遇时习惯用手势打招呼,其正规的方式是伸出胳膊,手心向外,用手指上下摆动。美国人打招呼是整只手摆动。如果在欧洲,整只手摆动表示"不"或"没有"之意。在希腊,一个人摆动整只手会被认为是对旁人的污辱,那将会造成不必要的麻烦。

学习单元 3　　接待礼仪

学习目标

1. 能够准确把握在汽车4S店服务过程中接待礼仪的要求与内涵；
2. 能够运用接待过程中的文明用语与顾客亲切自如地进行介绍和交流，举止规范地进行物品展示和递接，以及名片的交换，标准连贯地完成服务过程中的接待礼仪。

学习时间

10学时。

模块1　接待文明用语

在接待客户的过程中，应使用文明用语，即敬语，以表示对客户的尊敬和礼貌。如日常使用的"请""谢谢""对不起"，第二人称中的"您"字等。初次见面为"久仰"；很久不见为"久违"；请人批评为"指教"；麻烦别人称"打扰"；求给方便为"借光"；托人办事为"拜托"等。要努力养成使用敬语的习惯。我国提倡的礼貌用语概括为十个字："您好""请""谢谢""对不起""再见"。

在接待的过程中，首先要注意的是对客户的称谓。商务交往，礼貌当先；与人交谈，称谓当先。使用称谓，应当谨慎，稍有差错，便贻笑于人。恰当地使用称谓，是商业交往顺利进行的第一步。有一位商业人员，在给一家公司写信时，由于不知道对方的姓名和性别，所以，就猜测用"亲爱的某某小姐，你好"。结果他的信件被扔到垃圾箱里。

称呼的基本规范是要表现尊敬、亲切和文雅，使双方心灵沟通，感情融洽，缩短彼此之间的距离。

1. 称谓的种类和用法

中国最常用的是姓名称谓。姓名，即一个人的姓氏和名字。用法大致有以下几种。

（1）全姓名称谓。

即直呼其姓和名，如"李大伟""刘建华"等。全姓名称谓有一种庄严感、严肃感。一般来说，在年纪、职务相差不大的情况下，可以直呼其名，但是，如果对方比你年长许多或职务相差较大的情况下，指名道姓地称呼对方是不礼貌的，甚至是粗鲁的。

(2)名称称谓。

即省去姓氏,只呼其名字,如"大伟""建华"等。这样称呼显得既礼貌又亲切,运用场合比较广泛。

(3)姓名加修饰称谓。

即在姓之前加一修饰字,如"老李""小刘""大张红""小张红"等。这种称呼亲切、真挚,一般用于在一起工作和生活中相互比较熟悉的同事之间。

(4)职务称谓。

职务称谓就是用所担任的职务作称呼。这种称谓方式,古已有之,目的是不称呼其姓名、字号,以表尊敬、爱戴。例如:因杜甫当过工部员外郎而被称"杜工部";诸葛亮因是蜀国丞相而被称"诸葛丞相"等。现在人们用职务称谓的现象已相当普遍,目的也是为了表示对对方的尊敬和礼貌。主要有两种形式:第一,用职务称呼,如"李局长""张科长""刘经理""赵院长""李书记"等;第二,用专业技术职务称呼,如"李教授""张工程师""刘医师",对工程师、总工程师还可称"张工""刘总"等。

(5)政府机关领导称呼。

目前国家部委机关一般分为部、司、处三级领导,省厅机关分为厅、处两级领导。为表示尊敬,一般称呼为姓加职务,比如张部长、李司长、王处长、赵厅长等,在机关职务称呼中,对姓付的正职领导一般都只称呼职务而不加姓,如姓付的正厅长只称呼厅长而不称呼付厅长或付正厅长,但是对姓郑的副职往往是一定要加上姓和职务,如姓郑的副处长一般称呼郑处长,而不称呼郑副处长。在内部公文行文称呼中,一般称呼名字后加同志二字,名字是两个字的只称呼名字,不加姓,名字是一个字的连名带姓一起称呼。

(6)职业尊称。

职业尊称指用其从事的职业工作当作称谓,如"李律师""刘会计"等。

除了姓名称呼还有用"您"和"你"。"您"和"你"有不同的界限,"您"用来称呼长辈、上级和熟识的人,以示尊重;而"你"用来称呼自家人、熟人、朋友、平辈、晚辈和儿童,表示亲切、友好和随便。

2. 国际称谓习惯

(1)一般规则。

在国际交往中,一般对男子称"先生";对已婚女子称"夫人",未婚女子称"小姐",或统称为"女士"。这些称呼前面可以加上姓名、职称、官衔等。对地位高的官方人士,按国家习惯可称"阁下"或以职衔加先生相称,如曼丽小姐、维尔逊夫人、市长先生等。对医生、教授、法官、律师及博士等,可单独称之,同时可加上姓氏或先生。

各国人姓名的组成顺序不同。英美人是名在前,姓在后,妇女在婚前一般用自己的名字,婚后一般是自己的名加丈夫的姓,如美国霍夫曼公关公司的总裁路·霍夫曼先生,姓霍夫曼,名字叫路,霍夫曼公关公司就是采用了他的姓;再如,玛丽·怀特(Mary White)女士与约翰·维尔逊先生结婚后,女方姓名为玛丽·维尔逊(Mary Wilson)。书写时,名字可缩写为一个字头,而姓不能缩写。西班牙、葡萄牙人姓名常有三四节,前二节为本人名字。西班牙人姓名倒数第二节为父姓,最后一节为母姓;葡萄牙人姓名正相反,倒数第二节是母姓,最后为父姓,简称时一般用个人名加父姓。

与法国人的社交中,称呼对方时直称其姓,并冠以"先生""小姐""夫人"等尊称,唯有区别同姓之人时,方可姓与名兼称。熟人、同事之间,才直呼其名。德国人在交谈中很讲究礼貌。他们比较看重身份,特别是看重法官、律师、医生、博士、教授一类有社会地位的头衔。对于一般的德国人,多以"先生""小姐""夫人"等称呼相称。

(2)注意你的发音。

问别人的名字怎么念似乎使人尴尬,但是在大多数场合,人们认为这样做很正常并显得恭敬。毕竟,每当别人念错你的名字时,只有你最清楚自己内心的感觉。所以念错别人的姓名是很糟糕的事。为了防止念错,还不如嘴勤快一点,多问对方该怎么念。

(3)仔细倾听别人的介绍。

别人的介绍也会提示你称呼他的正确方式。这时需要你做个有心人,仔细听,认真记在心里。当你不知该如何称呼某人时,应询问他(她)一下。你可以说:"你愿意让我怎样称呼您呢?"

综上所述,汽车服务人员在接待客户时,根据情况的不同,一般有两种称谓方法。第一种是不熟悉对方时,称对方为某某先生、某某女士,这也是最为稳妥和最为普遍的一种称谓方式。第二种是与熟悉的顾客交往时,我们可以称呼对方为某某经理、某某主管、某某总监,以及某某领导,即直接称谓他的职务。

模块 2　自我介绍礼仪

现代人要生存、发展,就需要与他人进行必要的沟通,以寻求理解、帮助和支持。介绍是人际交往中与他人进行沟通、增进了解、建立联系的一种最基本、最常规的方式,是人与人进行相互沟通的出发点。

自我介绍,就是在必要的社交场合,把自己介绍给其他人,以使对方认识自己。恰当的自我介绍,不但能增进他人对自己的了解,而且还可创造出意料之外的商机。作为汽车服务人员,如能正确地进行自我介绍,就可以有助于自我展示、自我宣传,从而给客户留下深刻的印象,便于工作的进一步开展。

一　自我介绍的类型

自我介绍根据介绍人的不同,可以分为主动型自我介绍和被动型自我介绍两种类型。在实践中,根据具体环境和条件选择自我介绍的方式。

1.主动型自我介绍

在社交活动中,欲结识某人却无人引见的情况下,即可自己充当自己的介绍人,将自己介绍给对方。这种自我介绍叫作主动型的自我介绍。

2.被动型自我介绍

应其他人的要求,将自己某些方面的具体情况进行一番自我介绍。这种自我介绍则叫被动型的自我介绍。

二　自我介绍的时机

在商务场合,如遇到下列情况时,自我介绍就是很有必要的:

(1)与不相识者相处一室；
(2)不相识者对自己很有兴趣；
(3)他人请求自己作自我介绍；
(4)在聚会上与身边的陌生人共处；
(5)打算介入陌生人组成的交际圈；
(6)前往陌生单位，进行业务联系时；
(7)初次登门拜访不相识的人；
(8)在旅途中与他人不期而遇而又有必要与人接触；
(9)利用社交媒介，如信函、电话、电报、传真、电子信函，与其他不相识者进行联络时；
(10)初次利用大众传媒，如报纸、杂志、广播、电视、电影、标语、传单，向社会公众进行自我推介、自我宣传时。

三 自我介绍的方式

根据不同场合、环境的需要，自我介绍的方式有五种。

1. 应酬式的自我介绍

这种自我介绍的方式最简洁，往往只包括姓名一项即可，如"您好！我叫××。"它适合于一些公共场合和一般性的社交场合，如途中邂逅、宴会现场、舞会、通电话时。它的对象，主要是一般接触的交往人。

2. 工作式的自我介绍

工作式的自我介绍，其内容包括本人姓、供职的单位以及部门、担负职务或从事的具体工作三项。第一项，姓名。应当一口报出，不可有姓无名，或有名无姓。第二项，单位。供职的单位及部门，如可能最好全部报出，具体工作部门有时可以暂不报出。第三项，职务。担负的职务或从事的具体工作，有职务最好报出职务，职务较低或者无职务，则可报出目前所从事的具体工作。例如："我叫唐果，是大秦广告公司的公关部经理。"

3. 交流式的自我介绍

交流式的自我介绍也叫社交式自我介绍或沟通式自我介绍，是一种刻意寻求交往对象进一步交流的沟通，希望对方认识自己、了解自己、与自己建立联系的自我介绍，适用于社交活动中，具体内容包括本人的姓名、工作、籍贯、学历、兴趣以及与交往对象的某些熟人的关系等，如："我的名字叫王光，是里润公司副总裁。10年前，我和您先生是大学同学。"

4. 礼仪式的自我介绍

礼仪式的自我介绍是一种表示对交往对象友好、敬意的自我介绍，适用于讲座、报告、演出、庆典、仪式等正规的场合，内容包括姓名、单位、职务等项。自我介绍时，还应多加入一些适当的谦辞、敬语，以示自己尊敬交往对象，如："女士们、先生们，大家好！我叫宋玉，是精英文化公司的行政部经理。值此之际，谨代表本公司热烈欢迎各位来宾莅临指导，谢谢大家的支持。"

5. 问答式的自我介绍

问答式的自我介绍是，针对对方提出的问题，作出自己的回答，这种方式适用于应试、应聘和公务交往。在普通交际应酬场合，也时有所见。举例来说，对方发问："这位先生贵姓？"回答："免贵姓张，弓长张。"

四　掌握好自我介绍的分寸

想要自我介绍恰到好处、不失分寸,就必须高度重视下述几个方面的问题。

1. 简洁

进行自我介绍一定要力求简洁,尽可能地节省时间。通常以半分钟左右为佳,如无特殊情况最好不要长于一分钟。为了提高效率,在作自我介绍时,可利用名片、介绍信等资料加以辅助。

2. 掌握时机

自我介绍应在适当的时间进行。进行自我介绍,最好选择在对方有兴趣、有空闲、情绪好、干扰少、有要求之时。如果对方兴趣不高、没有空闲(工作很忙、休息用餐或正忙于其他交际之时)、心情不好、干扰较大、没有要求时,则不太适合进行自我介绍。

五　自我介绍的态度

汽车服务人员在对客户进行自我介绍时,要遵循以下几个原则。

1. 自然、友好的态度

态度要保持自然、友善、亲切、随和,整体上讲要落落大方,笑容可掬。

2. 充满信心和勇气

忌讳妄自菲薄、心怀怯意。要敢于正视对方的双眼,显得胸有成竹,从容不迫。

3. 语气自然,语速正常,语言清晰

语气生硬冷漠、语速过快过慢或语音含糊不清,都会严重影响自我介绍的形象。

4. 追求真实

进行自我介绍时所表达的各项内容,一定要实事求是、真实可信。过分谦虚,一味贬低自己去讨好别人,或者自吹自擂,夸大其词,都是不足取的。

总体说来,当本人希望结识他人,或他人希望结识本人,或本人认为有必要令他人了解或认识本人的时候,自我介绍就会成为重要的交往方式。自我介绍常常会成为商务活动的组织部分,承担着拓展交际范围的重任。所以,有关自我介绍的商务礼仪必须烂熟于胸。

综上所述,作为服务人员在进行自我介绍时,首先要在不妨碍客户工作和交际的情况下进行,其次,要向客户报出供职的单位名称、担任的职务或所从事的职业、自己的姓名。如"您好!我是海航汽车销售有限公司的销售代表,我叫李华。"最后,要注意在进行自我介绍时应先向对方点头致意,得到回应后再向对方介绍自己。

模块3　握手礼仪

在商务交往中,常用的见面礼是握手。传统上,握手是信任的象征。过去,伸出友谊之手,表示你没有携带武器。今天,握手也象征着信任和尊敬。握手通常是与他人的第一次身体接触,它给人带来的感觉,以及由此引发的认识评价,与握手的礼仪有直接关系。应掌握握手的正确方式、次序、力度、时间和禁忌等,避免不礼貌的握手方式。

一个令人愉快的握手,感觉上是:坚定有力,代表着这个人能够做决定,能够承担风险,更重要的是能够负责任。以诚挚、热情的握手,来显示很高兴能认识别人。

一 正确的握手方法

1. 握手的正确姿势

距离对方一步左右,两足立正,上身微微前倾,面带微笑,伸出右手握住对方的右手。伸出的右手应四指并拢,拇指自然向上张开,紧握住对方的手。伸出手时稍带角度,双方虎口(大拇指与手掌连接的关节处)应互相接触。一旦接触,便应轻轻放下拇指,用其余四指包住对方的手掌。很多人以为自己早已使用这种方法,可在进行试验时却惊奇地发现这样握手的感觉大大不同于以往。

握手要坚定有力,晃动两至三下即可,然后松开。握手时间应以3～5s为好,如初次见面,时间不宜过长,以不超过3s为宜。与女士握手时间不宜过长。握住女士的手不放,是很不礼貌的。

握手时目光应热情友好地注视对方,不要东张西望、心不在焉、上下打量,也不要嘴叼香烟或一只手插在口袋里,尤其是对待女性。最好边握手边问候致意:"您好!""见到您很高兴!""欢迎您!""恭喜您!""辛苦啦!""谢谢!非常感谢!"等。

2. 握手的先后顺序

在多数场合,职位高的人应该先伸出手,若他(她)没有这样做,你就应先伸手。若多个人同时在场,要逐个按职位高低的先后顺序握手,决不能一起交叉着握手。图3-1为各种错误的握手方法。

a) 交叉握手

b) 与第三者说话(目视他人)

c) 摆动幅度过大

d) 戴手套或手不清洁

图3-1 错误的握手方式

3. 把握好握手的时机

何时应该握手是众所皆知的常识。从习惯上说,握手的时机包括:当你被介绍给某人以及跟别人道别时;当客户、顾客、卖主或其他来访者进入你的办公室时(当然与你共进午餐、多次出入你办公室的人不必这样);碰见一个很久未见的人(比如其他部门的一位同事)时;走进某个会场并被介绍给与会者时;会议结束后互相道别以及重申已达成协议时;你觉得有必要握手时。随着商务活动的熟悉过程,你将会慢慢把握握手的适宜时机。握手的时间要根据与对方的关系来决定,如果是交情好的朋友,可以适当时间长一点,以示亲热;如果是初次见面,礼节性地握一下就可以了。

二 握手的注意事项

1. 戴着手套的处理办法

如果你戴着手套,就有两种不同的说法。有人说,先脱掉手套,也有人说如果在户外,就不需要这样。其实,只要你能视情况处理好这个问题,就可以做到礼貌待人。当外面很冷时,你就没有必要再去关注摘不摘手套了。

2. 应付不恰当的握手方式

当对方握手方式不当,你应该尽量减轻可能出现的身体上或心理上的不适,而且又不致使对方感到尴尬。若对方采用了过于用力的握手方式,你可把手放松。这种自卫方法能让你的手从对方的手中滑出,使你的手呈一个角度可减轻压力。若对方的手软弱无力,那就应使双方的拇指关节紧贴。不恰当的握手方式有:死握住别人的手不放;用力过大,捏疼对方的手;左右摇晃;手心有汗,湿乎乎的;手过于冰冷;犹豫、不爽快,好像在告诉别人我不是做决定的人,让人觉得你软弱、狡猾、没有神气。

3. 在你伸出手而对方毫无反应时

这种情况下,你可以把手放下,接着交谈,因为你的举止是正确的,问题出在对方,而不是你。此外,有时当你热情地伸出手去,而对方可能没注意到,这时,只要微笑地把手收回即可。只要对方不是有意为之,就不必太在意。

4. 恰巧你用来握手的那只手正拿着东西

遇到这种情况,你可以先放下东西或换一只手来拿。在一些很可能需要握手的场合,应该用左手拿东西,把皮包和笔记本放在左手或背在肩上,以空出右手。

5. 与性别有关的问题

与女士握手,应等对方先伸出手,男方只要轻轻一握就可以了。女性完全可以不受传统观念的束缚,主动地去与别人握手,体现现代职业女性的大方和职业化。

6. 与级别高的人握手

当对方级别比你高许多,而你又没有什么话要对他说,这种情况下,如果刻意上前与之握手并介绍自己,就不太妥当。

握手是服务人员在日常工作中最常使用的礼节之一。综上所述,服务人员准备与客户握手时,要确保手是洁净、干燥和温暖的。要与客户握手时,应先向客户进行问候,然后再与之握手。握手时,要伸出右手,确保掌心向上,手掌呈垂直状态,五指并用,轻轻用力,时间在3s左右,以示对客户的尊重和谦虚。握手过程中,要注视对方并面带微笑。

模块 4　交换名片礼仪

使用名片是现代人交际的重要手段,也是汽车营销人员在工作过程中重要的社交方式之一。交换名片时也应注重礼节。习惯上,名片上应印有工作单位、主要头衔、通信地址、电话及邮政编码等,名片是展示自己(或公司)的一种形式。名片不是传单,不宜逢人便送。因此,我们在使用名片时要格外注意。

一　名片的准备

名片是服务人员与客户之间建立沟通桥梁的一项重要工具,其准备工作有以下几项。

1. 不能随便放置

名片不要和钱包、笔记本等放在一起,原则上应该使用名片夹,或者放在容易拿取的上衣口袋里(但不可放在裤兜里)。

2. 保持清洁

汽车服务人员在向客户递送名片时,应注意保持名片清洁,不要递出脏兮兮的名片,影响客户对你及公司的信心。

二　递名片

1. 顺序

递名片的顺序虽说没有太严格的礼仪讲究,但是,也是有一定顺序的。一般是地位低的人先向地位高的人递名片,男性先向女性递名片。当对方不止一人时,应先将名片递给职务较高或年龄较大者;或者由近至远递送,或者按方向遵循顺时针的原则依次进行,切勿跳跃式地进行,以免对方误认为有厚此薄彼之感。

2. 方式

向对方递送名片时,应面带微笑,注视对方,手的位置应与胸部齐高,将名片正面对着对方,用双手的拇指和食指分别持握名片上端的两角送给对方。如果是坐着的,应当起立或欠身递送,递送时可以说一些:"我是××,这是我的名片,请笑纳。""我的名片,请您收下。""这是我的名片,请多关照。"之类的客气话。在递名片时,切忌目光游移或漫不经心。

3. 互换名片

(1)方法。服务人员与客户互换名片时,应用右手拿着自己的名片,用左手接对方的名片后,用双手托住。同时也要看一遍对方职务、姓名等。在会议室如遇到多人相互交换名片时,可按对方座次排列名片,如图 3-2 所示。

(2)注意事项。①与西方、中东、印度等外国人交换名片只用右手就可以了,与日本人交换须用双手。②当对方递给你名片之后,如果自己没有名片或没带名片,应当首先对对方表示歉意,再如实说明理由。如:"很抱歉,我没有名片。""对不起,今天我带的名片用完了,过几天我会亲自寄一张给您的。"

图 3-2　名片的递送与排列

三　接受名片

1. 态度

接受他人递过来的名片时,应尽快起身或欠身,面带微笑,用双手的拇指和食指接住名片的下方两角,态度也要毕恭毕敬,使对方感到你对名片很感兴趣。

2. 技巧

(1) 接到名片时要认真地看一下,应轻声地读一遍对方的姓名或职称,然后说:"谢谢!""能得到您的名片,真是十分荣幸!"等。

(2) 接收的名片要郑重地放入自己的口袋、名片夹或其他稳妥的地方,而不要将名片放在裤袋中。切忌接过对方的名片一眼不看就随手放在一边,也不要在手中随意玩弄,不要随便拎在手上,不要拿在手中搓来搓去,否则会伤害对方的自尊,影响彼此的交往。

(3) 收到对方的名片后,不要当场在名片上写字或做标记。事后可以把对方的特征、兴趣爱好,以及接收名片的地点、时间、所谈的话题等记在名片后面,以便下次见面可多谈一些他感兴趣的话题。

四　索要名片

向他人索要名片最好不要直来直去,可委婉索要。恰到好处地交换名片的方法大概有如下三种。

1. 交易法

"将欲取之,必先予之。"比如,我想要史密斯先生的名片,即先把名片递给他,并说:"史密斯先生,这是我的名片。"当然,在国际交往中,会有一些地位落差,有的人地位身份高,你把名片递给他,他跟你说声谢谢,然后就没下文了。你若担心出现这种情况,不妨采用下一个方法。

2. 激将法

"尊敬的××董事长,很高兴认识您,不知道能不能有幸跟您交换一下名片?"这话可"刺激"对方给你名片。如果对方还是没给,那么可以采取下一种方法。

3. 联络法

"××小姐,认识你非常高兴,希望还能够见到你,不知道以后怎么跟你联络?"这样,一般均会得到对方回应。若没有回应,意思就是她会主动与你联系,或者根本没打算与你联系。

模块 5　递接物品礼仪

1. 原则

递接物品的原则是尊重他人。双手递物或接物体现出对对方的尊重。如果在特定场合下或东西太小不必用双手时,一般用右手递接物品。

2. 注意事项

(1) 若双方相距过远,递物者应主动走近接物者。假如自己坐着的话,应在递物时起立。递给他人的物品,应直接交到对方手中。在递物时,应为对方留出便于接物品的空间。

(2) 递笔、刀、剪之类尖利的物品时,需将尖端朝向自己握在手中,而不要指向对方。递送饮料、酒水时,应将商标朝向客人,左手托底,右手握在距瓶(杯)口三分之一处。递书、文件、资料、名片等,字体应正对接受者,要让对方容易马上看清楚。

模块 6　茶水服务礼仪

茶被称为世界三大饮料之一。我们在接待来访的客人时,沏茶、上茶已经成为一项必不可少的待客礼节。不管是自己喝还是待客,喝茶都很有讲究。

1. 茶叶的品种和饮用特点

根据加工、制作方法的不同,茶叶可分为绿茶、红茶、乌龙茶、花茶、砖茶、袋茶等。

(1) 绿茶。

常喝绿茶的人都知道,当年的新茶,特别是"明前茶"(也就是清明节前采摘的茶叶)是首选。绿茶更适合在夏天饮用,可以消暑降温。

我国著名的绿茶有:产于杭州龙井的龙井茶、产于江苏太湖洞庭山的碧螺春、产于安徽黄山的黄山毛峰、产于湖南洞庭湖青螺岛的君山银针、产于安徽六安齐云山的六安瓜片、产于河南信阳大别山区的信阳毛尖和产于贵州黔南都匀山区的都匀毛尖等。

(2) 红茶。

红茶是以新鲜的茶叶经过烘制,等完全发酵后制作而成。在冲泡沏水之前,它的色泽油润乌黑。在冲泡后,具有独特的浓香和爽口的滋味,还能暖胃补气,提神益智。红茶性温热,适合在冬天饮用。

我国生产的红茶品种不少,其中最著名的就是安徽祁门县的祁门红茶。此外,还有产于云南西双版纳的滇红茶等。

(3) 乌龙茶。

乌龙茶的制作加工方法介于绿茶和红茶之间,是一种半发酵的茶叶。其外形肥大、松散,茶叶边缘发酵,中间不发酵,整体外观上呈黑褐色。沏水冲泡后的乌龙茶色泽凝重鲜亮,芳香宜人。喝过后,不仅可以化解油腻,而且健胃提神。

我国乌龙茶多产于福建,其中最著名的是福建安溪县的铁观音和武夷山的武夷岩茶。

(4)花茶。

花茶,又叫香片,是以绿茶经过各种香花熏制而成的茶叶。它的最大特点,是冲泡沏水后芳香扑鼻,口感浓郁,味道鲜嫩。一年四季都可以饮用。花茶可以分为茉莉花茶、桂花茶、玫瑰花茶、白兰花茶、珠兰花茶、米兰花茶等多个品种。其中以茉莉花茶最受欢迎。

(5)砖茶。

砖茶,又叫茶砖,是特意将茶叶压紧后,制作成的一种类似砖块形状的茶叶品种。它很受一些少数民族的喜爱,特别是添加奶、糖等之后煮着喝,味道更美。

(6)袋茶。

袋茶,不是茶叶的某一个品种,而是为了饮用方便,将绿茶、红茶、乌龙茶或花茶甚至加入补品、药品等分别装入纸袋内的一种饮品。饮用时将纸袋放进杯子,然后冲泡即可。袋茶是茶的一种方便饮品。

根据生活习惯,南方人爱喝绿茶,北方人爱喝花茶,东南沿海一带的人爱喝乌龙茶,欧美人爱喝红茶,特别是袋装红茶。

2. 敬茶的程序

(1)用茶待客时,由谁为来宾奉茶,往往涉及对来宾重视程度的问题。在家里待客,通常由家里的晚辈或是家庭服务员为客人上茶。接待重要的客人时,最好是女主人,甚至主人自己亲自奉茶。在工作单位待客时,一般应由秘书、接待人为来客上茶。接待重要的客人时,应该由本单位在场的职位最高的人亲自奉茶。

(2)如果客人多,可以遵循先客后主、先主宾后次宾、先女后男、先长辈后晚辈的原则;可以以进入客厅为起点,按顺时针方向依次上茶;也可以按客人先来后到的顺序上茶;还有一种"偷懒"的办法,就是把所有的茶都泡后,让客人自己拿。

3. 冲茶的规矩

(1)不要当着客人的面取茶冲泡。即使当着客人的面取茶,也不可以直接下手抓茶叶,而要用勺子取,或是直接将茶叶从茶罐倒进茶壶、茶杯。以茶敬客时,最重要的是要注意客人的喜好、上茶的规矩、敬茶的方法以及续水的时机等几个要点。

(2)可能的话,多准备几种茶叶,使客人可以有多种选择。上茶前,应先问一下客人是喝茶还是喝饮料;如果喝茶,喜欢喝哪种茶,并提供几种可能的选择。不要自以为是,强人所难。如果只有一种茶叶,应事先说明。

(3)从医学角度来讲,喝茶不要太浓,如果客人有特别要求的例外。以茶待客讲究要上热茶,而且是七分满。

4. 喝茶的注意事项

(1)和别人说话的时候,最好别喝茶;即使要喝,礼貌的做法是小口地品尝。不要连茶叶一并吞进嘴里。万一把茶叶喝进嘴里,也不要吐出来或是用手从嘴里拿出来,而是吃掉,或是在其他地方吐掉。

（2）真心诚意地以茶待客的做法，就是要为客人勤斟茶、勤续水。这种做法的寓意是："慢慢喝，慢慢叙。"

（3）在为客人续水斟茶时，不要妨碍到对方。一手拿起茶杯，使茶杯远离客人身体、座位、桌子，另一只手把水续入。最好不在客人面前续水。

模块7　宴请礼仪

在社会交往中，宴请是最常见的交际活动，其中宴会又是最高层次的社交活动之一，因此宴请礼仪在整个社交礼仪中占有非常重要的地位。由于各国、各民族都有不同的文化特点和生活习惯，不同形式的宴请对礼仪规范和个人行为举止都有不同的要求。

一　常见的宴请形式及宴会的组织

1. 常见宴请形式

宴请根据不同的标准划分为多种形式，每种形式的宴请在菜肴、人数、时间、着装等方面有不同的要求。就目前看，国际上宴请主要分为宴会、招待会、茶会和工作进餐四种形式。

宴会是最正式、最隆重的宴请。正式宴会的礼仪要求比较严格，对着装、桌位、菜单等有较高要求，通常在中午或晚间举行。

招待会是一种较为灵活的宴请方式。食品、酒水、饮料，可以自行选择。一般不排座次，可以自由活动。举办的时间比较灵活，中午、下午、晚上均可。

茶会是一种简便的接待形式，通常安排在下午4时或上午10时。

工作进餐是利用进餐的时间和形式，边吃边谈工作，形式灵活。

2. 宴会的组织

为使宴请活动取得圆满成功，宴会前要做好如下准备工作。

（1）确定宴会的目的、名义、对象、范围与形式。

宴请的目的多种多样，既可以为某个人举行，也可以为某件事举行。举办宴会的目的一定要明确。一般以谁的名义举办宴会关系着宴会的档次。国内的宴会，可以主办单位最高负责人的名义或主办单位的名义举办。宴请的范围是指宴请哪些方面的人士出席，多少人赴宴，什么级别，主办方需要多少人出席作陪等。一般正式的、规格高的、人数少的，以宴会的形式为宜，我国的宴会基本上采用中餐宴会。

（2）确定宴会的时间、地点。

宴会的时间应对双方都合适，尤其要照顾宾客方面。安排宴会的时间要注意避开重要的节假日、重要的活动日和双方或一方的禁忌日。如对西方人士，不要选13日，更不要选13日且星期五。伊斯兰教教徒在斋月内白天禁食，宴请宜在日落后进行。宴请活动时间要与主宾单位商量，主宾同意并确定时间后，再约请其他宾客。

宴会地点的选择也非常重要，应把握以下几个原则。

①环境幽雅。宴会环境要安静、高雅、有文化气息。要注意宴会厅格调、色彩和灯光是否适合于宴请的性质和气氛。如果有音乐，乐声宜轻，以便身心得以调节和放松。

②卫生良好。干净卫生的环境能保证宴请双方的舒心;否则,宴请过后发生客人不适的状况,是非常难堪的。

③设施完善。宴请时为了表示诚意,可以找一个各方面条件、设施较好的场所,在宴请后方便双方的后续活动安排。

④交通方便。要尽量定在容易到达、容易辨识、交通便利、停车方便的场所。

(3)发出邀请。

各种宴请活动,一般均应向客人发请柬。请柬一般提前一周或两周发出,以便被邀请人早做安排。请柬上要将宴会活动的目的、名义、邀请范围、时间、地点等写清楚,重大的活动还要注明着装的要求及其他附加条件。

(4)确定宴会的菜单。

组织好宴会,菜单的确定至关重要。拟订宴会菜单应注意以下几点。

①宴会的种类、规格及宾客的身份。

②主宾的口味、喜好和禁忌。如伊斯兰教教徒用清真席、不喝酒,印度教徒不吃牛肉等。不要以主人的喜好为准,应"主随客便"。

③确定菜单还要考虑菜肴的搭配,包括冷热、甜咸、荤素、营养、酒水等。

(5)安排菜序。

宴请人员不但要有充足的、可供选择的菜单内容,更要懂得合乎礼仪和饮食规律的菜序。严格地讲,中餐和西餐的菜序有很大的不同。

中餐礼仪中先上桌的一般是冷盘,接着是热炒,随后上的是主菜,然后上点心和汤,最后才是水果拼盘。如果上咸点心讲究上咸汤;若上甜点心就要上甜汤。

西餐有正餐和便餐的菜序之分,二者有很大差异。西餐的正餐,菜序复杂多样,讲究甚多。大多数情况下,正餐的菜序由八道菜肴构成,即开胃菜、面包、汤、主菜、点心、甜品、果品、热饮。一顿内容完善的正餐,一般要吃一两个小时,而一顿普通的便餐,则由五道菜肴构成,即开胃菜、汤、主菜、甜品、咖啡等。

二　中餐宴请礼仪

中餐宴会是我国固有的宴饮聚会,由于其历史悠久,享誉世界,进餐礼仪几千年来已经形成一套传统。中餐菜肴品种繁多,风味各异,颇具特色。掌握中餐礼仪对于成功进行社交活动非常必要。

1. 中餐宴会的席位排列

座位排列体现了来宾的身份和主人给对方的礼遇,所以受到宾主双方的同等重视。礼宾次序和国际惯例是我们安排席位的主要依据。

(1)中餐宴会的位次排列。

举办中餐宴会一般用圆桌,每张餐桌上的具体位次有主次尊卑之分。宴会的主人应坐在主桌上,面对正门就座;同一张桌上位次的尊卑,根据距离主人的远近而定。以近为上,以远为下;同一张桌上距离主人相同的位次,排列顺序讲究以右为尊,以左为卑。在举行多桌宴会时,各桌之上均应有一位主桌主人的代表,作为各桌的主人,其一般应与主桌主人同向就座,有时也可以面向主桌主人就座。每张餐桌上,安排就餐人数一般应限制在10人之内,且为双数。

在每张餐桌位次的具体安排上,还可以分为以下两种情况。

①每张桌上一个主位桌次的排列方法。每张餐桌上只有一个主人,主宾在其右首就座;形成一个谈话中心,见图3-3。

②每张桌上有两个主位桌次的排列方法。如主人夫妇就座于同一桌,以男主人为第一主人,女主人为第二主人,主宾和主宾夫人分别坐在男女主人右侧,桌上形成了两个谈话中心,见图3-4。

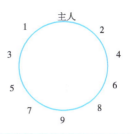

图3-3 每张桌上一个主位桌次的排列方法

如遇主宾的身份高于主人时,为表示对他的尊重,可安排主宾在第一主人的位次上就座,而第一主人则坐在主宾的位置上,第二主人坐在主宾的左侧。如果本单位出席人员中有身份高于主人者,可请其在主位就座,主人坐在身份高者的左侧。以上两种情况也可以不做变动,按常规予以安排。

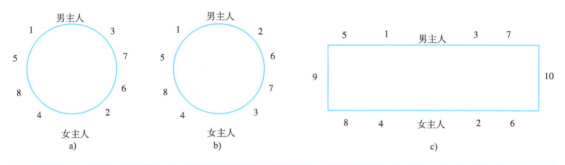

图3-4 每张桌上两个主位桌次的排列方法

为便于宾客及时准确地找到自己的位次,除安排服务人员引导外,还可以在桌子上事先放置座位卡。举办涉外宴会时,座位卡应以中、外文两种文字书写,中文写在上面,外文写在下面,必要时,座位卡两面均应书写就餐者的姓名。

(2)中餐宴会的桌次排列。

举办一张圆桌以上的宴请时,桌次的安排要根据宴会厅的形状和桌数来确定。

①两桌组成的小型宴会。餐桌的排列,有时需要横排,有时需要竖排。两桌横排时,桌次以右为尊,以左为卑。左与右方位的确定是以面对正门的位置为准,见图3-5。两桌竖排时,桌次以距离正门远的位置为上,以距离正门近的位置为下,见图3-6。

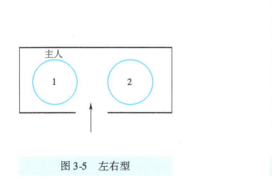

图3-5 左右型 　　　　图3-6 上下型

②由三桌或三桌以上组成的宴会,也叫多桌宴会,其排列方法,除了要注意遵守两桌

排列的规则外,还应考虑距离主桌的距离,即距离主桌越近,桌次越高,反之,桌次越低,见图 3-7。在安排桌次时,除主桌可以略大之外,其他餐桌大小、形状应大体相仿,不宜差别过大。

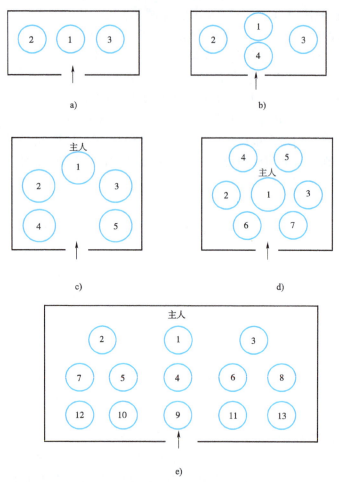

图 3-7 三桌以上宴会的桌次排列

2. 上菜顺序与就餐方式

(1)中餐的上菜顺序。

标准的中餐,不论是何种风味,其上菜的顺序大体相同。通常是首先上冷盘,接着是热炒,随后是主菜,然后上点心和汤,最后上水果拼盘。当冷盘已经吃了 2/3 时,开始上第一道热菜,一般每桌要安排 10 个热菜。宴会上桌数再多,各桌也要同时上菜。

上菜时,如果由服务员给每个人上菜,要按照先主宾后主人,先女士后男士或按顺时针方向依次进行。如果由个人取菜,每道热菜应放在主宾面前,由主宾开始按顺时针方向依次取食。切不可迫不及待地越位取菜。

(2)就餐方式。

中餐宴会的具体就餐方式可以分为以下几种。

①分餐式。即在就餐时,为用餐者提供的主食、菜肴、酒水及其他餐具一律每人一样一

份,分别使用,不混杂共用。一般是由服务员用小碟盛放,每人送上一份。其优点是用餐卫生,同时又体现了公平。此种形式尤其适合于正式宴会。

②布菜式。即在就餐时,将菜肴用大盘盛放,由服务员托菜盘依次放入每个人的食碟中,剩余部分放在餐桌上供客人自取。其优点是用餐卫生,同时又照顾了饭量大或不同口味人士的需要,是宴会上常采取的形式之一。

③公筷式。即用餐时,主食菜肴不必分开每人一份,而是将菜肴和食品用大盘盛放,用餐者使用共用的餐具,适量取食,放入自己的食碟中。但取食品、菜肴时,不允许直接用自己入口的筷子和汤勺。这种方式既体现了中国传统的用餐方式,又兼顾了卫生,适合一般宴会。

如今借鉴西方的用餐方式,在举办人数众多的宴请活动时,还经常采用中餐自助餐的形式,这也不失为一种明智的选择。

3. 餐具的使用

(1) 餐具的摆放。

中餐的餐具主要有杯、盘、碗、碟、筷、匙等。在正式的宴会上,水杯应放在菜盘上方,酒杯放在右上方。筷子与汤匙放在专用的座上。公用的筷子与汤匙最好也放在专用的座上。酱油、醋、辣油等作料应一桌一份,并要备好牙签。宴请外宾时,还应备好刀叉,供不会使用筷子者使用。餐具的摆放见图3-8。

(2) 餐具的使用。

中餐各种餐具在使用上有许多讲究。正确使用餐具是餐饮礼仪的重要组成部分,是必须要掌握的。

①筷子。筷子是中餐的主要餐具,用以夹取食物。一般应以右手持筷,用右手的拇指、食指和中指共同捏住筷子上部1/3处。筷子应成双使用,不能用单根筷子去插取食物。

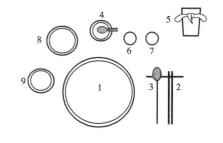

图3-8 标准的中餐餐具摆放形式
1-餐盘;2-筷子;3-取菜公匙;4-汤匙;5-水杯、餐巾;6-葡萄酒杯;7-白酒杯;8-汤碗;9-味碟

用筷子吃饭是中国人的传统,也许因为使用筷子太普遍的缘故,使用筷子的礼仪常被人忽视,现在筷子用得不好的人很多。在餐桌上使用筷子要注意:不要嘴含筷子;不要挥动筷子;不要敲筷子;不要用筷子插食物;不要用筷子去翻搅菜;不要用有汁水的筷子夹菜;不要把筷子放在碗上等。

②汤匙。汤匙主要用以饮汤,尽量不要用其舀菜。用筷子取菜时,可用汤匙加以辅助。使用汤匙要注意:一是用它饮汤时,不要全部放入口中吸吮;二是用汤匙取食物后,应立刻食用,不要再次倒回原处;三是若食物过烫,不宜用汤匙折来折去;四是不用时,应将汤匙放入自己的食碟上,不要放在桌上或汤碗里。

③碗。碗主要用于盛放主食、羹和汤。在正式的宴会上,使用碗要注意:一是不要端起碗进食,尤其不要双手端起碗进食;二是碗内的食品要用餐具取,不能用嘴吸;三是碗内的剩余食品不可往嘴里倒,也不可用舌头舔;四是暂不用的碗不可放杂物。

④盘。稍小一些的盘又叫碟子。在餐桌上,盘子一般应保持原位不动,并且不宜将多个盘子叠放在一起。每个人面前的食碟是用来暂放从公用菜盘取来的菜肴的。使用食碟要注

意:一是不要取放太多的菜肴;二是不要将多种菜肴堆放在一起相互"串味";三是不要将不宜入口的残渣、骨、刺吐在地上、桌上,应轻放在食碟的前端,由服务人员撤换。

⑤水杯。中餐的水杯,主要用于盛白水、饮料、果汁。注意:一是不要用水杯盛酒;二是不要倒扣水杯;三是喝入口中的东西不能再吐回去。

⑥湿毛巾。正式宴会前,会为每位用餐者提供一条湿毛巾,它是用来擦手的,不能用来擦脸、擦嘴、擦汗。宴会结束时,会为用餐者再提供一条湿毛巾,它是用来擦嘴的,不能用来擦脸、擦汗。

⑦餐巾。正式宴会上,为每位用餐者都准备了一条餐巾。它应当铺放在并拢之后的大腿上,而不能把它围在脖子上,或披在衣领里、腰带上。餐巾可用于轻揩嘴部和手,但不能用于擦餐具或擦汗。

⑧水盂。有时,品尝某些食物需要直接动手,往往会在餐桌上摆上一个水盂,水上漂有玫瑰花瓣或柠檬片。水盂里面的水不能喝,只能用来洗手。洗手时,动作不要太大,不要乱抖乱甩,应用两手轮流沾湿指头,轻轻刷洗,然后用餐巾擦干。

⑨牙签。牙签主要用来剔牙。就餐时尽量不要当众剔牙。如需剔牙,应以一只手掩住嘴。剔出的东西切勿当众观赏或再次入口,也不要随手乱弹、随口乱吐。不要长时间用嘴叼着牙签。

4. 中餐饮酒礼仪

凡是宴请活动,不可无酒。"无酒不成宴",饮酒可谓是餐桌上的重要活动,可以和菜肴并重。善于饮酒的人,不仅能饮,而且会饮。要真正做到善用酒水,合乎礼仪,还是需要从学习饮酒礼仪做起。

(1)选酒(酒菜的搭配)。

酒水的主要功能是在用餐时开胃助兴。而要使酒水正确地发挥这样的作用,就必须懂得酒菜搭配之道,选好酒。唯有如此,二者才会相得益彰。

若无特殊规定,正式的中餐宴会通常配白葡萄酒与红葡萄酒。因为饮食习惯方面的问题,中餐宴请中上桌的葡萄酒多半是红葡萄酒。一般情况下,在每位用餐者面前餐桌桌面的正前方,排列着大小不等的三只杯子,自左而右,它们分别是白酒杯、葡萄酒杯、水杯。

具体来讲,在搭配菜肴方面,中餐所选的酒水讲究不多。爱喝什么酒就可以喝什么酒,想什么时候喝酒,完全自便。正规的中餐宴会一般不上啤酒。

(2)斟酒。

关于斟酒,中国有句俗话"酒满情深",就是说斟酒以满为敬。但是葡萄酒、香槟酒等不宜斟满,只能斟到酒杯容器的2/3处,其目的是使饮用者在饮用时能让酒在杯中慢慢地旋转起来,使酒香充分地挥发出来。

通常,酒水应当在饮用前再斟入酒杯。为了表示对来宾的敬重、友好,可以由宴请者亲自斟酒。受酒方一般可以端起酒杯致谢。若为侍者斟酒,也勿忘道谢,但不必拿起酒杯。

①斟酒的顺序。

斟酒应从主位右边主宾起逐位向左走。第一次上酒时,可以亲自为所有客人倒酒,不过记住要依顺时针方向进行,从坐在左侧的客人开始,最后才轮到自己。

②斟酒时的注意事项。

为来宾所斟的酒,应是本次宴会上最好的酒,并应当场启封。斟酒时要注意以下几点。

a. 一视同仁,不要厚此薄彼,既然斟酒,就要为餐桌上的每一位斟,而不能挑挑拣拣。

b. 注意顺序。可以依顺时针方向,从自己所坐之处开始,也可以先为尊者、嘉宾斟酒。

c. 斟酒要适量。白酒与啤酒可以斟满,而其他洋酒则无此讲究,要是斟得过满,显然不太合适。

d. 站在客人的右手边斟酒,且酒的商标应面向客人。每斟完一杯,要把酒杯稍收后顺手往右轻轻旋转,以免酒水流滴到客人身上。斟酒时,酒杯应放在桌上,酒瓶不要碰到杯口。

(3) 敬酒。

敬酒,亦称祝酒。它具体指的是在宴会上,由宴请方向来宾提议,为了某种事由而饮酒。在敬酒时,通常要讲一些祝福、祝愿的话。祝酒词通常最适合在宾主入席后、用餐前开始。有时,也可在吃过主菜之后、上甜品之前进行。

敬酒时,要上身挺直,双脚站稳,以双手举起酒杯并向对方微微点头示礼,对方饮酒时再跟着饮;敬酒的态度要稳重、热情、大方。在他人敬酒或致词时,其他在场者应一律停止用餐或饮酒,并坐在自己的位置上,面向对方认真地听讲。

(4) 饮酒礼仪。

不管在哪种场合饮酒,都要讲究应有的礼仪,努力保持风度,做到"饮酒不醉为君子"。

①酒量适度。

具有良好饮酒礼仪的人,在任何时候、任何场合,都不会争强好胜、故作潇洒。饮酒过度,容易出丑丢人,惹是生非,而且易伤身体。

②依礼拒酒。

假如因为生活习惯或健康原因而不能饮酒,可以合乎礼仪的方法拒绝他人的劝酒:申明不能饮酒的原因;主动以其他软饮料代酒;委托亲友、部下或晚辈代为饮酒。

③注意酒仪、酒态。

不要耍酒疯;不要酗酒;不要灌酒;不要划拳;不要一边饮酒,一边抽烟。

5. 用餐礼仪

由于中餐的特点和食用习惯,参加中餐宴会时,尤其要注意以下几点。

(1) 修饰仪容、仪表。

参加宴会,要注意修饰自己的仪容、仪表,做到整洁、优雅。出席正式的宴会通常要求穿正装;一般性的聚会,可以穿便装。如果不加任何修饰,仪容不洁,着装不雅,既会被人轻视,也会被认为不尊重主人,不重视此次宴请活动。宴会进行中,无论天气如何热,都不能当众解开衣扣,脱下衣服。

(2) 掌握好时间。

宴请对方,应该早到。若是被宴请,抵达时间的迟早反映了对对方的尊重。我国的习惯是正点或提前两三分钟到达。但若比规定时间提前 5min 以上到达,对主人是不礼貌的。

(3) 入座。

进入宴会厅后，先核对，按指定的桌次和位次就座。一般而言，就座时，应先请对方就座。如邻座是长者或女士，应主动为他们拉开椅子，协助他们坐下。

入座后，姿势要端正，不可将手托腮或双肘放在桌上。脚放在本人座椅下，不可伸出或架起"二郎腿"乱颤，以免影响他人。不可玩弄桌上的酒杯、盘碗刀叉、筷子等餐具。不要用餐巾擦餐具，以免让人认为餐具不洁。

(4) 交谈交际。

宴请或举办宴会的目的，主要在于交际。在用餐前后，尤其在餐前稍事等候的时候，应与同桌的人交谈，尤其是左邻右舍。选择谈话的主题要注意对象和场合，既不要一个人夸夸其谈，引人不悦，也不要一言不发。

(5) 进餐。

在中国通常是由宴请方提议开始用餐，并由主宾首先动筷。取菜时要相互礼让，依次进行。为表示友好、热情，彼此之间可以让菜，劝对方品尝，但不要擅自做主为他人布菜；不论对方是否喜欢，主动为其夹菜、添饭，会让人为难。

取菜要适量，不要把适合自己口味的好菜一人"包干"，也不应表示厌恶某种食物。拒绝一道菜是不礼貌的。当摆上本人不能吃或不爱吃的菜时，可取少量放在盘里，并表示"谢谢，够了"，不要流露出难堪的表情，更不能说三道四。

吃东西要文雅，要闭嘴咀嚼，不要发出声音，若嘴里有东西就不要张嘴说话。热汤不要用嘴吹，喝汤不要咂嘴。要注意自己的吃相，既不要狼吞虎咽，也不要过细、过慢，更不要吃得摇头晃脑，汗流满面。

在进餐时，要讲究卫生，不要吸烟。最好不要咳嗽、清嗓子、吸鼻涕、打喷嚏，如有此需要，应起身去卫生间。万一不能控制时，也要用餐巾捂住鼻子、嘴巴，事后向周围的人道"对不起"。

要尊重不同的食俗。因为各国的餐饮都有自己的传统习惯。如吃中餐时，有的地方吃鱼，忌讳把鱼翻身。因而在餐桌上要尊重当地的饮食习惯。

(6) 宴会中意外情况的处理。

宴会中，如果由于不慎发生异常情况时，如碰掉餐具、碰倒酒水等，应沉着冷静，不要慌乱。餐具发出声音，可向邻座或主人说声"对不起"。餐具落地后，不能捡起来擦拭一下再用，应由服务人员另送一副。酒水打翻在桌上，可用餐巾铺盖上。酒水打翻溅在邻座身上，应表示歉意，协助擦干；如果对方是女性，应把干净的餐巾或手帕递给对方并道歉即可，由她自己擦干净。总之，处理异常情况时，要随机应变，果断利索，并用智慧和语言妥善解决。

实训指导

一 接待用语实训

汽车服务人员在接待客户时应主动上前打招呼，并致以问候语，具体接待要点如下。

(1) 自己主动：表现出对顾客的敬意，提高效果。
(2) 面带微笑：没有微笑的问候不会产生亲切感。
(3) 明快的声音：比平时声音稍微放高一些，到句子结尾时要发音清楚。
(4) 接待问候语："您好！""早上好！""欢迎光临。"等。
(5) 对客户称谓：要用尊称，常用"您""先生""女士"等。

二 自我介绍礼仪实训

汽车服务人员在向顾客进行自我介绍时，具体介绍要点如下。
(1) 介绍内容：公司名称、职位、姓名。
(2) 给对方一个自我介绍的机会，例如："请问我应该怎样称呼您呢？"

三 握手礼仪实训

汽车服务人员与客户握手时，需要注意的动作要点如下：
(1) 握手的次序，一般都是女士、领导和长辈先伸手，男士、下级和晚辈再握手；
(2) 与多人握手时，遵循先尊后卑、先长后幼、先女后男的原则；
(3) 切忌戴着手套握手或用左手握手；
(4) 用力要适度，切忌手脏、手湿、手凉和用力过大；
(5) 和异性握手时用力要轻、时间要短，不可长时间握手和紧握手。

四 名片礼仪实训

汽车服务人员在接待客户的过程中，经常要向客户递送名片或者与客户互换名片，其操作的要点如下：
(1) 先介绍自己的职位、姓名，然后双手拿出自己的名片，这时候有一个停顿，要注意将名片的方向调整到最适合对方观看的位置，再双手递过去；
(2) 有可能的话，应巧妙地索取对方名片；
(3) 如果对方递给自己名片，双手接过对方的名片，要简单看一下上面的内容，既不要不看直接把它直接放在兜里或其他位置，也不要长时间拿在手里不停地摆弄，而应该把名片放在专用的名片夹中，尽量避免把名片放在口袋中，或者放在其他的位置。

五 茶水服务礼仪实训

无论是汽车销售顾问还是汽车服务顾问，都应进行为顾客茶水服务训练，其具体操作要点如下。
(1) 首先问清楚顾客需要哪种饮料，是纯净水、茶水还是咖啡。
(2) 奉茶原则：招待客人用茶时，往往一手握茶杯把儿或扶杯壁，一手托杯底，并说声"请用茶"；若茶水较烫，可将茶杯放到客人面前的茶几上。
(3) 续水原则：要为客人勤斟茶，勤续水。另外，在为客人续水斟茶时，不要妨碍到对方，最好不在客人面前续水。

（4）在正式场合，咖啡都是盛进杯子，然后放在碟子上一起端上桌。碟子的作用，主要是用来放置咖啡匙，并接收溢出杯子的咖啡。

（5）握咖啡杯的得体方法，是伸出右手，用拇指和食指握住杯耳后，再轻缓地端起杯子。不可以双手握杯或用手托着杯底，也不可以俯身就着杯子喝。洒落在碟子上面的咖啡用纸巾吸干。

（6）喝咖啡时，要适时地和交往对象进行交谈。这时候，务必要细声细语，不可大声喧哗、乱开玩笑，更不要和人动手动脚，追追打打；否则，只能破坏喝咖啡的现场氛围。

（7）不要在别人喝咖啡时，向对方提出问题，让他说话。

（8）关于纸杯倒水，要考虑很多因素。如果要递到客人手里，九分满比较适合。秋冬的热水要少倒，一般为六到七分满，让人拿起来不洒为佳。

六　递交物品礼仪实训

无论是汽车销售顾问还是汽车服务顾问，都应进行为顾客递送物品的训练，其具体操作要点如下。

（1）向顾客递交车型宣传资料时，应将带字体的画面正对接受者，方便对方马上看清楚。

（2）向顾客递交笔时，应将笔尖朝向自己握在手中，而不要指向顾客。

（3）递交购车赠品或者购车手续时，应双手递物，并直接交到顾客手中。

七　宴会礼仪实训

实训项目：策划一次宴请活动。

实训工具：圆桌一张，椅子若干，环境装饰品、中式餐具若干套，菜肴酒水替代物（如细纸条代表粉条类、上色塑料泡沫块代表肉类，清水代表酒水等）。

实训步骤：

（1）分组。每组6～10人，可设定一人或两人为宴请者，其余为宾客。

（2）对本市/本区域内的餐厅进行网络了解或实地考察，确定宴请的时间、地点、名义、菜品和交通安排（作书面汇报），制作一份邀请函，并用电话的形式联系各位宾客，确定出席人员名单。

（3）接待宾客，安排座位。

（4）按设定顺序上菜，并报菜名，宴会正式开始，进餐，斟酒祝酒，宴请结束，安排宾客离开。

实训要点：

（1）宴请的时间、地点、菜品等的安排能考虑到绝大多数宾客的喜好和便利。

（2）邀请函、电话两种通知方式能按照礼仪规范，信息传达准确完整、格式正确、措辞用语礼貌周到，符合宾客的身份。

（3）接待宾客时，接待人员热情大方，引导的座次正确，招呼周到，气氛和谐。

（4）宴请开始时，上菜顺序符合中国的传统用餐习惯。

（5）主人与宾客相互祝酒时祝颂贴切，用餐举止符合礼仪要求。

（6）宴请结束，宾客礼貌离席。

思考与练习

一、判断题

1. 为了表示对客人的尊重,宴请邀约,最好采用直接打电话的方式。（ ）
2. 宴请当日,主人应当提前到达宴请地点,等候客人。（ ）
3. 中餐宴请中,必须有酒,并且一定要让客人多喝几杯。（ ）
4. 在宴请中,应该主动为客人夹菜,以示对客人的热情招待。（ ）
5. 用餐结束时,若需要用牙签剔牙,应用餐巾或手掌在前面遮挡。（ ）

二、选择题

1. 宴会上,为表示尊重,主宾的座位应(   )。
   A. 在主人的右侧   B. 在主人的左侧   C. 随其所好
2. 在参加宴请中,应等(   )坐定后,方可入座。
   A. 主人   B. 长者   C. 女士
3. 使用餐巾时,不可以用餐巾来(   )。
   A. 擦嘴角的油渍   B. 擦手上的油渍   C. 擦拭餐具
4. 关于喝汤的几种说法中不正确的是(   )。
   A. 要用汤匙,不宜端起碗来喝
   B. 喝汤的方法,汤匙由身边向外舀出,并非由外向内
   C. 汤舀起来,一次分几口喝下
5. 用餐时,如果筷子或汤匙不小心掉在地上,应该(   )。
   A. 弯下腰去捡
   B. 轻唤服务生前来处理并更换新的餐具
   C. 不管它,用餐结束再说
6. 下列符合宴请用餐礼仪的有(   )。
   A. 用餐的速度应该尽量与客人同步
   B. 用餐前,应为桌上的每一位客人都斟上 2/3 杯酒
   C. 用餐途中,若需离席片刻去洗手间,不用对客人打招呼

三、思考题

1. 如果顾客对你的介绍没有反应,你应当怎么做?
2. 如果顾客没有给你名片,你准备怎样向对方索要名片?

拓 展 学 习

一　商务接待乘车礼仪

1. 小轿车

（1）小轿车的座位（如由驾驶员驾驶时），以后排右侧为首位，左侧次之，中间座位再次之，前座为末席。

（2）如果由主人亲自驾驶，以驾驶座右侧为首位，后排右侧次之，左侧再次之，而后排中间座为末席。

（3）主人夫妇驾车时，则主人夫妇坐前座，客人夫妇坐后座，男士要服务于自己的夫人，宜开车门让夫人先上车，然后自己再上车。

（4）如果主人夫妇搭载友人夫妇的车，则应邀友人坐前座，友人之妇坐后座，或让友人夫妇都坐前座。

（5）主人亲自驾车，坐客只有一人，应坐在主人旁边。若同坐多人，中途坐前座的客人下车后，在后面坐的客人应改坐前座，此项礼节最易疏忽。

（6）女士登车不要一只脚先踏入车内，也不要爬进车里。需先站在座位边上，把身体降低，让臀部坐到位子上，再将双腿一起收进车里，双膝一定保持合并的姿势。

2. 吉普车

吉普车无论是主人驾驶还是驾驶员驾驶，都应以前排右座为尊，后排右侧次之，后排左侧为末席。上车时，后排位低者先上车，前排尊者后上。下车时，前排客人先下，后排客人再下车。

3. 旅行车

旅行车以驾驶员座后第一排（即前排）为尊，后排依次为小。其座位的尊卑，依每排右侧往左侧递减。

二　西餐宴请礼仪

随着西餐逐步进入中国人的生活，很多人都会有吃西餐的机会。西餐是西式饭菜的一种约定俗成的统称。西餐菜肴主料突出，营养丰富，讲究色彩，味道鲜香，其烹饪和食用同中餐有很大的不同。西餐礼仪以自然、实际为主，不讲客套、谦让，但用餐规矩却有很多，需要认真了解掌握，才不失风度。

1. 西餐宴会的席位排列

同中餐相比，西餐的席位排列既有许多相同之处，也有区别。

（1）席位排列的原则。

绝大多数情况下，西餐宴会席位排列主要是位次问题。除了极其盛大的宴会，一般不涉及桌次。了解西餐席位排列的常规及同中餐席位排列的差别，就能够较好地处理具体的席位排列问题。西餐席位排列有以下几项规则。

①女士优先。在西餐礼仪里,往往体现了女士优先的原则。排定用餐席位时,一般女主人为第一主人,在主位就位。而男主人为第二主人,坐在女主人的对面,即第二主人的位置上。

②距离定位。西餐桌上席位的尊卑,是根据其距离主位的远近决定的,距主位近的位置要高于距主位远的位置。

③以右为尊。排定席位时,以右为尊是基本原则。就某一具体位置而言,按礼仪规范其右侧要高于左侧之位。在西餐排席位时,男主宾要排在女主人的右侧,女主宾排在男主人右侧,按此原则,依次排列。

④面向门为上。在餐厅内,以餐厅门作为参照物时,按礼仪的要求,面对餐厅正门的位子要高于背对餐厅正门的位子。

⑤交叉排列。西餐排列席位时,讲究交叉排列的原则,即男女应当交叉排列,熟人和陌生人也应当交叉排列。在西餐宴会上,一个就餐者的对面和两侧往往是异性或不熟悉的人,这样可以广交朋友。

(2)席位的排列。

西餐的席位一般都用长桌或方桌,因此席位的排列方法主要分长桌和方桌两种。

①长桌的排列。最经常、最正规的西餐桌是长桌,在长桌上排位,一般有下列两种情况:一是男、女主人在长桌的中央相对而坐,餐桌的两端可以坐人,也可以不坐人,见图3-9;二是男、女主人分别坐在长桌的两端,见图3-10。

注意:若长桌的两端坐人,应尽可能安排举办方的男子入座。

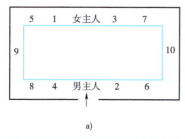 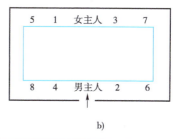

a) b)

图3-9 西餐长桌席位排列之一

②方桌的排列。在方桌上排列席位,就座于餐桌四面的人数应相等,并使男、女主人与男、女主宾相对而坐,各自与自己的恋人或配偶坐成斜对角,见图3-11。

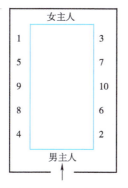 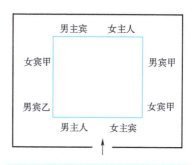

图3-10 西餐长桌席位排列之二　　图3-11 西餐方桌席位排列

2. 西餐上菜顺序

由于饮食习惯的不同,西餐的上菜顺序与中餐有明显的不同。例如,吃西餐时,通常先上汤,而对于中餐来说,上汤则意味着用餐的结束。正规的西餐宴会,其上菜顺序既复杂又非常讲究。一般情况下,完整的西餐由下列八道菜肴组成。

(1)开胃菜。开胃菜就是打开胃口的菜,也叫前菜,一般是由蔬菜、水果、海鲜、肉食所组成的拼盘。

(2)面包。西餐正餐面包一般是切片面包。吃面包时,可根据个人口味,涂上黄油、果酱或奶酪。

(3)汤。西餐中的汤有两大类,即浓汤和清汤,也有很好的开胃作用。喝汤时,才算正式开始吃西餐。

(4)主菜。主菜的内容十分丰富,包括水产类菜肴、畜肉类菜肴、禽肉类菜肴和蔬菜菜肴。正式的西餐宴会上,大体上要上一个冷菜、两个热菜。两个热菜中,一般先上一个鱼菜,由鱼或虾以及蔬菜组成;另一个是肉菜,为西餐中的大菜,是必不可少的,它多为烤肉配以蔬菜,往往代表着此次用餐的最高档次和水平。

(5)点心。吃过主菜后,一般要上些蛋糕、饼干、吐司、三明治等西式点心。

(6)甜品。点心之后,接着上甜品,最常见的有冰淇淋、布丁等。

(7)水果。吃完甜品,一般还要摆上新鲜果品。

(8)热饮。在宴会结束前,还要为用餐者提供热饮,一般为红茶或咖啡,以帮助消化。西餐的热饮,可以在餐桌上饮用,也可以换个地方,到休息室或客厅去喝。

从实际情况看,西餐也在不断简化。比较简单的西餐菜单可以是:开胃菜、汤、主菜、甜品、咖啡。

3. 西餐餐具的使用

(1)餐具的摆放。

西餐的餐具主要有刀、叉、匙、盘、碟、杯等,讲究吃不同的菜要用不同的刀叉,饮不同的酒要用不同的酒杯。西餐餐具的摆放大有学问。一般在开餐前已经在桌上摆好,见图3-12。

(2)餐具的使用。

用刀、叉进餐是西餐的最重要特征之一。除此之外,西餐的主要餐具还有餐匙和餐巾,其用法也有特殊之处。至于盘、碟、杯、水盂、牙签等餐具,其基本用法同中餐相似。

① 刀叉的用法。

如同筷子是中餐餐具的主角一样,刀叉是西餐餐具的主角。刀叉既可以分开使用,也可以共同使用。而更多的情况下,二者要共同使用。正确地使用刀叉,须做到下列几点。

a. 要正确地区别刀叉。在正规的西餐宴会上,讲究吃一道菜换一副刀叉。吃每道菜,都要使用专门的刀叉,既不能乱拿乱用,也不能从头到尾仅使用一副刀叉。

吃西餐正餐时,摆在每位就餐者面前的刀叉有:抹黄油的餐刀,吃鱼用的刀叉,吃肉用的刀叉,吃甜品、水果用的刀叉等。各种刀叉形状各异,摆放的位置也不一样。

抹黄油用的餐刀,一般应横放在就餐者左手的正前方,距主食面包不远处。

吃鱼和肉用的刀叉,应当餐刀在右、餐叉在左,分别纵放在就餐者面前的餐盘两侧。由于刀叉的数目同上菜的道数是相等的,有时餐盘两侧分别摆放的刀叉会有三副之多。取用刀叉的基本原则是,每上一道菜依次从两边由外侧到内侧取用。如果没有经验、把握不准,不妨比别人"慢半拍",看一下别人怎样使用。

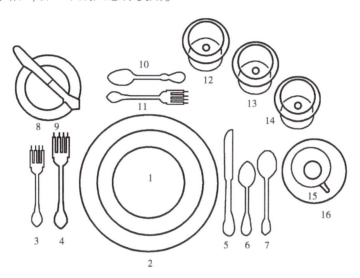

图3-12　标准西餐餐具摆放

1-沙拉盘;2-垫盘;3-沙拉叉;4-肉叉;5-肉刀;6-茶匙;7-汤匙;8-面包盘;9-抹黄油刀;10-甜品匙;11-甜点叉;12-水杯;13-红葡萄酒杯;14-白葡萄酒杯;15-咖啡杯;16-咖啡碟

吃甜品用的刀叉,一般横放在就餐者餐盘的正前方。

b. 正确地使用刀叉。通用的刀叉使用方法主要有两种。一种是英国式的,要求在进餐时,始终右手持刀,左手持叉,一边切割,一边用叉食之,叉背朝着嘴的方向进餐。这种方式比较文雅,如图3-13a)所示。另一种是美国式的,先右手刀、左手叉,把餐盘的食物全部切割好,然后把右手的餐刀斜放在餐盘的前方,将左手的餐叉换到右手,再品尝,如图3-13b)所示,这种方式比较省事。

a)英国式使用刀叉的方法　　　　b)美国式的吃法

图3-13　英、美式就餐方法

刀可以用来切食物,也可用来把食物拨到叉上。叉可以用来取食物,也可以用它摁住食物,使之用力切割时不滑脱。使用刀叉时要注意:不要动作过大,影响他人;切割食物时,不要弄出声响;切下的食物要刚好一口吃下,不要叉起来再一口一口咬着吃;不要挥动刀叉讲话,也不要用刀叉指他人;掉落到地上的刀叉不可拣起再用,应请服务员换一副。

c. 要知道刀叉的暗示。如果就餐过程中,需暂时离开一下,或与人攀谈,应放下手中的刀叉,刀右、叉左、刀口向内、叉齿向下,呈"八"字形状摆放在餐盘之上。这表示:此菜尚未用毕。如果吃完了,或者不想再吃了,可以刀口向内、叉齿向上,刀右、叉左并排放在餐盘上。这表示:不再吃了,可以连刀叉带餐盘一起收走。

注意:不要把刀叉摆放在桌面上,尤其不要将刀叉交叉放成"十"字形,这在西方人看来,是令人晦气的图案。

②餐匙的用法。

餐匙也是西餐不可缺少的餐具,同中餐汤匙相比,在形状和使用上,也有很大的不同。在使用餐匙时,要注意以下两点。

a. 要区分不同餐匙。在正式的西餐宴会上,餐匙至少会出现两把,它们形状不同,摆放的位置也不同。个头较大的餐匙叫汤匙,通常摆放在就餐者面前的餐盘的右侧最外端,与餐刀并列纵放。个头较小的餐匙叫甜品匙,一般情况下,它应被横放在吃甜品用的刀叉正上方,如果不吃甜品,有时也会被个头同样较小的茶匙代替。

b. 要正确使用餐匙。餐匙各有各的用途,千万不要相互代替。要注意做到:餐匙除用于饮汤、吃甜品外,不可用于取食其他食物;不要用餐匙在汤、甜品之中搅来搅去;用餐匙取食,不要过满,一旦入口就要一次用完,一匙东西不能反复品尝多次;餐匙入口时,要以其前端入口,不要将其全部塞入嘴中;餐匙使用后,不要再放回原处,也不要将其插入菜肴或"直立"于餐具之中。

③餐巾的用法。

在西餐中,餐巾也是一个重要的角色。同中餐餐巾相比,虽有许多用途、用法相似,但也有一些特殊之处需多加注意。

a. 餐巾的铺放。西餐餐巾通常会叠成一定的图案,放置在就餐者的水杯里,有时直接平放于就餐者的右侧桌面上或就餐者面前的垫盘上。餐巾形状有长方形和正方形之分。如果是正方形的餐巾,应将它折成等腰三角形,直角朝向膝盖方向,平铺在自己并拢的大腿上;如果是长方形餐巾,应将其对折,然后折口向外平铺在腿上。餐巾的打开、折放应在桌下悄然进行,不要影响他人。

b. 餐巾的用途。餐巾对服装有保洁作用,防止菜肴、汤汁落下来弄脏衣服;也可以用来揩拭嘴,通常用其内侧,但不能用其擦脸、擦汗、擦餐具;还可以用来遮掩嘴,在剔牙或吐出嘴中的东西时,可用餐巾遮掩,以免失态。

c. 餐巾有暗示作用。西餐以女主人为第一主人。当女主人铺开餐巾时,暗示用餐开始,当女主人把餐巾放到桌上时,暗示用餐结束。就餐者如果中途离开,一会儿还要回来继续用餐,可将餐巾放在本人所坐的椅面上;如果放在桌面上,则暗示:我不再吃了,可以撤掉。

4. 西餐用餐方法

西餐同中餐的吃法相比有很大的不同。掌握正确的吃法,才能既吃好,又吃出品位。

(1)开胃菜。

开胃菜既可以是沙拉,也可以是由海鲜、蔬菜组成的拼盘,用餐叉食用即可。

(2)面包。

面包一般放在用餐者的左前方,可在吃第一道菜时开始食用。正确的做法是:用左手撕下一块大小合适,刚好可以一次吃下的面包,用黄油刀涂上黄油或果酱,再送入嘴中。注意:不能拿起一大块面包,全部涂上黄油,双手托着吃;不能用叉子叉着面包吃;不能用刀叉切开吃;也不能把面包浸在汤内捞出来再吃。

如果是烤面包片,则不要撕开。甜食上来后,最好就不要再吃面包了。

(3)汤。

喝汤时,要用右手拇指和食指握汤匙,从汤盘靠近自己的一侧伸入汤里,向外侧将汤舀起。注意:不要将餐匙盛得太满,身子也不要俯得太近。当盆内的汤剩下不多时,可以用左手将汤盆内侧稍稍托起,使其外倾,用右手持汤匙舀取余汤来喝。喝汤时,一不要端起汤盆来喝汤;二不要发出"嘶嘶"的声音;三不要身子附得太低,"趴"到汤盆上去吸食;四不要用嘴吹,或用汤匙搅拌降温。

(4)主菜。

西餐的主菜花样品种繁多,冷菜中的冻子、泥子,热菜中的鱼、鸡、肉等最为多见。冻子是用煮熟的肉、鱼等食物和汤汁冷却凝结而成的一种菜肴。泥子是以虾、蟹或动物的肝、脑为主料,配以鸡蛋、蔬菜,加上作料搅拌而成的菜肴,一般用刀叉食之。在吃鱼时,可用餐刀将其切开,将鱼刺、骨剥出后,再切成小块,用叉取食。吃鸡时,也应切成小块,用叉取食,直接用手撕扯是失礼的表现。肉指的是西餐的猪、牛、羊肉。平常人们所说的主菜,一般都指的是肉菜。在肉菜中,猪排、羊排、牛排,尤其是牛排,是西餐中的"重中之重"。吃肉菜时,要用叉子摁住食物,先用餐刀切下一小块,吃完后再切第二块。

(5)点心甜品。

西餐中的蛋糕、饼干、三明治、土豆片等,可以用手拿着吃。通心粉,又叫意大利面条,吃时不能一根一根挑着吃或吸着吃,应该右手提叉,左手用汤匙帮助把面条缠绕在餐叉上,然后送入嘴中。布丁和冰淇淋应用餐匙取食。

(6)水果。

为了能更好地享用西餐,对西餐常用水果的食用办法也应有所了解。

①苹果。最正规的吃法,是将一个苹果用刀切成大小相仿的4块,然后去皮、去核,再以刀叉食用。不过现在生活中,最普遍的做法,是用手拿着去皮的小块苹果直接吃了。

②香蕉。正规的吃法是先用刀子将香蕉皮纵向割一条线,再用刀叉把皮撑开,切成小块食用。一般不用手拿着香蕉,一边剥皮,一边咬着吃。

③草莓。普通的草莓,可用手取食。吃带调味汁的草莓,要用餐匙。

④葡萄。可取一小串,一粒一粒用手摘下来吃。其皮、核先吐入手中,再放入餐盘内。吃餐盘内不成串的单粒葡萄时,则应用餐叉取食。

⑤菠萝。应用餐刀切成小块,用餐叉取食,不要用手拿着吃。

(7)咖啡和红茶。

在西餐中,饮用咖啡和红茶也是大有讲究的。下面我们以饮用咖啡为例,来介绍西餐中饮用饮品的注意事项。

①杯的持握。一般要用右手的拇指和食指握住杯耳,轻轻端起杯子,慢慢品尝。不能双手握杯,也不能用手端起碟子去吸食杯子里的咖啡。另外,用手握住杯身、杯口,托住杯底,或用手指穿过杯耳,都是不正确的持握方法。

②碟的使用。咖啡都是盛入杯中,并放在碟子上端上桌的。碟子是用来放置咖啡匙,并接收溢出杯子的咖啡。喝咖啡时,如果离桌子近,只需端起杯子,不要端起碟子;如果离桌子较远,或站立、走动时,则可用左手将杯、碟一起端起,与胸齐平,用右手持杯饮用。

③匙的使用。咖啡匙只是在加入牛奶和糖之后,用来搅拌,使其融合和溶化的。如果咖啡太热也可用匙轻轻搅动,使其变凉。除此以外,不要做其他使用。咖啡匙的使用,尤其忌讳两条:一是不能用匙去舀咖啡来饮用;二是不能把匙放在咖啡杯中。不用匙时,应将其平放在咖啡碟中。

④饮用的数量。饮用咖啡不能多多益善。一般情况下一杯足矣,最多不应超过三杯。饮用时,不能大口吞咽,更不能一饮而尽,一杯咖啡应喝上 10min 左右,小口细细品尝。

⑤配料的添加。饮用时,可根据自己的爱好,往咖啡中添加一些牛奶、方糖之类的配料。添加配料时应当互相谦让,添加适量。加牛奶或伴侣时,注意保持桌面整洁。加糖时,要用专用的糖夹和匙去取,不要用自己的咖啡匙,也不要用手直接去取。

⑥取食甜点的要求。喝咖啡时,有时要备小甜点。取食甜点时,要先放下咖啡杯。饮用咖啡时,手中也不能拿着甜点品尝。双手左右开弓,一手执杯,一手持甜点,吃一口、喝一口交替进行是非常不雅的。

(8)西餐的酒水搭配。

在正式西餐宴会上,酒水是主角,十分讲究与菜肴的搭配。一般来讲,每吃一道菜,便要换上一种酒水。宴会上所用的酒水可以分为餐前酒、佐餐酒和餐后酒三种,每种又有许多具体的种类。

①餐前酒,也叫开胃酒,是在用餐之前饮用,或在吃开胃菜时饮用。开胃酒有鸡尾酒、味美思、威士忌和香槟酒。

②佐餐酒,是在正式用餐期间饮用的酒水。西餐的佐餐酒均为葡萄酒,而且多为干葡萄酒或半干葡萄酒。选择佐餐酒的一个重要原则是"白酒配白肉,红酒配红肉",白肉指的是鱼肉、海鲜,红肉指的是猪、牛、羊肉。即白葡萄酒配鱼肉、海鲜,红葡萄酒配肉类、禽类菜。

③餐后酒,是用餐后用以助消化的酒水,常用的有利口酒、白兰地酒。饮用不同的酒水,还要用不同的酒杯。在每位就餐者餐桌右边、餐刀的前方,都会横排着三四个酒水杯,它们分别为香槟酒杯、白葡萄酒杯、红葡萄酒杯及水杯。取用时,可以按照由外侧向内侧的顺序依次取用,也可根据女主人的选择而紧随其后。

学习单元 4　　电　话　礼　仪

学习目标

1. 能掌握电话礼仪规范；
2. 能够熟练运用电话礼仪规范与客户沟通交流。

学习时间

4 学时。

在人际交往或商务工作中,电话扮演着越来越重要的角色。接打电话不仅成为一种便捷的通信手段,而且成为人们日常生活中重要的交际方式。人们每天有许多事情要通过电话来商谈、询问、通知、解决。这些人和你可能未曾见面,或者很少见面,双方都只能从对方的声音、语调及谈话的内容来了解对方的状况,粗略判断对方的人品、性格。一个人接听拨打电话沟通技巧是否高明,常常会影响他是否能顺利达成本次沟通的目标。因而,掌握正确的、礼貌待人的接打电话方法是非常必要的。电话礼仪不仅反映我们的修养、礼貌礼节,甚至同时也代表了整个企业形象和企业职员的形象。

模块 1　电　话　形　象

人们在交往中特别重视自己给别人的"第一印象",给人的第一印象好,大家打起交道来心情愉快,事情也会办得更顺利。可是你是否注意到,你给别人的第一印象,往往在你们见面之前就已经存在了。美国心理学家洛钦斯最早提出"首因效应"概念,是指最初接触到的信息所形成的印象对人们以后的行为活动和评价的影响,人与人第一次交往中给人留下的印象,在对方的头脑中形成并占据着主导地位,这种效应即为首因效应。因为出于礼貌,人们在见面前经常会通过电话约定见面的时间、地点等细节,所以您的第一印象已经通过您的声音传给对方了,可以说您的电话形象是您给对方的第一张"名片"。员工个人形象代表组织形象以及产品和服务的形象。因此,一个企业的形象如何都体现在这"电话形象"之中。

何谓"电话形象"呢?"电话形象"是指人们在使用电话时,所留给通话对象以及其他在场者的总体印象。一般来说,它是由使用电话时的态度、表情、语言、内容以及时间等各个方面组合而成的。不论在工作岗位上,还是在日常生活里,一个人的"电话形象"都体现着自己的修养和为人处世的风格,并且可以使与之通话者不必会面,即可在无形之中对其有所了解,对其为人处世做出大致的判断。

模块 2　电话语言礼仪

一　清晰明朗的声音

在打电话时,由于你的姿态、笑容、动作、表情对方完全看不见,因此,你的善意、友好完全依靠你的语言和声调来表达。在平时,你讲话的声调不大好,你语言也不大讲究,别人还可以凭借你的态度举止和你的面部表情判断。但在通话时,一切都只靠声音表达。所以你必须很小心地控制你的声调,让你的声调能够温暖地、亲切地、悦耳地表达出你的微笑和友好。

由于通话双方语言上可能存在差异,所以你的语调应尽可能平缓,忌过于低沉或高亢。口要正对着话筒,口唇离开话筒大约半寸,音量不要太大或太小,咬字要清楚,说话速度要比平时略慢,必要时把重要的话重复两次,提到时间、地点、数目时一定要交代得非常仔细。

讲话时语言流利、吐字清晰、声调平和,能使人感到悦耳舒适。如果说话语速过快,如同连珠炮不加停顿,对方会听不清,感到你在应付了事;语速太慢,则会引起对方不耐烦,显得你为人做事懒散拖沓。语速适中、声调清朗、富于感情、热情洋溢,使对方能够感觉到你在对他微笑,这样富于感染力的电话,一定能打动对方,并使其乐于与你对话。

二　正确使用电话基本用语

无论是哪个公司,都有可能接到抱怨电话,此时接电话的人更要注意自己的礼貌用语。因为来电抱怨者一般都是带着一肚子怨气,所以,接电话的态度要诚恳谦和,要有技巧地附和对方的抱怨,嘴里不断地说道:"非常抱歉。"一定要耐心倾听对方的抱怨,待对方说完挂上电话,你才能放下话筒。使用电话的礼貌绝不能忽视,否则既有损公司的声誉,又影响你个人的形象。表4-1为用来对照说明的例子。

电　话　礼　貌　用　语　　　　　　　　　　　表4-1

不妥当用语	正确用语
"喂!"	"您好!"
"喂,找谁?"	"您好!这里是××公司,请问您找哪一位?"
"给我找一下××。"	"请您给我找一下××好吗?谢谢!"
"等一下。"	"请稍等一会儿。"
"他不在这儿。"	"他在另一处办公,请您直接给他打电话,电话号码是××。"
"他现在不在。"	"对不起,他不在,如果您有急事,我能否代为转告?"或"请您过一会儿再来电话。"
"你有什么事?"	"请问有何贵事?"
"你是谁啊?"	"对不起,请问您是哪一位?"

续上表

不妥当用语	正确用语
"你说完了吗?"	"您还有其他事吗?"或"您还有其他吩咐吗?"
"那样可不行!"	"很抱歉,恐怕不能照您希望的办。"
"我忘不了!"	"请放心!我一定照办。"
"什么?再说一遍!"	"对不起!请您再说一遍。"
"把你的地址、姓名告诉我。"	"对不起,您能否将您的姓名和地址留给我?"
"你的声音太小了。"	"对不起,我听不大清楚。"

三 态度礼貌友善

使用电话沟通时,始终应该把对方视为一个面对面正在交谈的人。尤其是公关从业人员,应该意识到自己面对的是组织的一名公众。从构筑良好形象的愿望出发,电话用语应该善待他人,多用肯定语,少用否定语,酌情使用模糊语;多用致歉词和请托语,忌用生硬傲慢的语言。

四 面带微笑喜悦的心情

笑容不只是表示自己的心情好坏与否,亲切明确的快乐会感染身边的每一个人,所以工作的时候不要把自己的不良情绪带给大家。即使生活中有很多的不如意,还是要以一个乐观的心态去面对,把快乐带给身边的每一个人。打电话也是一样的,即使对方看不到你的表情,但是愉悦的笑容会使声音自然、轻快、悦耳,可以给对方很好的印象(图4-1)。笑容不仅能表现在脸上,也会藏在声音里。如果绷着脸,声音会变得冷冰冰。由于脸部表情可以影响声音的变化,所以通话时也要以对方正在看着自己的心态去面对。

图4-1 面带微笑打电话

五 需要注意的问题

打电话过程中绝对不能吸烟、喝茶、吃零食、嚼口香糖,"懒散的姿势"对方能够"听"得出来。如果你打电话的时候,弯着腰躺在椅子上,对方听你的声音就是懒散的,无精打采的;若坐姿端正,所发出的声音也会亲切悦耳、富有朝气、充满活力。因此打电话时,即使看不见对方,也要当作对方就在眼前,尽可能注意自己的姿势。例如在日本,接电话时需要立即起立,以表示尊重。据说,一个日本人晚上正在睡觉,突然电话铃声响起,他立即起床穿衣,待穿戴完毕后恭恭敬敬地站立才接电话。

模块 3　打电话礼仪

"昔日王榭堂前燕,飞入寻常百姓家",电话已成为人们沟通的重要桥梁,那么怎样给人一张得体的"声音名片"呢?我们通常需要遵循 5W1H 原则。

5W1H 原则:WHY(理由),即打电话的目的、理由;
　　　　　　WHAT(内容),即商谈细节;
　　　　　　WHO(对象),即洽谈对象;
　　　　　　WHEN(时间),即对方合宜的通话时间;
　　　　　　WHERE(场所),即洽谈较适宜的场所;
　　　　　　HOW(方法),即应如何表达较得体。

一　打电话的目的及理由

通过此次电话需要达到什么目的?这个电话是不是非打不可?这些都是需要在打电话之前考虑清楚的问题。

二　选择合适的时间

把握好通话时机,即能使通话富有成效,显示通话人的干练,同时也显示了对通话对象的尊重。反之,如果莽撞地在受话人不便的时间通话,就会造成尴尬的局面,非常不利于双方关系的发展。通常上午 10:00～11:30、下午 14:00～16:00 是所有公司的黄金时段,打电话时段应该选择在这些最有绩效的时段。

什么时间不适合呢?如果不是特别熟悉或者有特殊情况,一般不要在早 7 点以前、晚 22 点以后打电话,也不要在用餐时间和午休时间打电话,否则,有失礼貌,也影响通话效果。如果是公事,尽量不要占用他人的节假日时间,比如周五下午 16:00 之后就不要再打电话了。即使客户已将家中的电话号码告诉你,也尽量不要往客户家里打电话。同时也力求避免在对方的通话高峰和业务繁忙的时间内打电话,比如周一早上 8:00～10:00。万一有急事打电话,第一句一定要说"抱歉,事关紧急,打搅你了",以体现你的礼貌之处。

如果是打国际长途,我们还需注意各地区时差以及各国工作时间的差异。

三　选择合适的空间

礼貌的商务拨打电话应该选择安静私密的空间,这样既可以获得良好的通话效果,也可以表示对对方的尊重。而影院、音乐会、会议中心、餐厅、商场等这些公共场所是不适宜的。

四　重要的第一声

不管对方是什么人,在通话时都要注意态度友善、语调温和。不管是在公司还是在家里,从电话里讲话的方式,就可以基本判断出一个人的"教养"水准。当对方拿起听筒后,应当有礼貌地称呼对方,亲切地问候"您好",并做自我介绍。例如:"您好,我是××,很高兴您能接听我的电话"。

五　确认通话对象

电话接通之后，确认通话对象是必不可少的步骤。很多人之间的声音非常相似，如果在电话中冒冒失失地将其他人当作通话对象，而惹出笑话或尴尬，会让对方觉得缺少修养。标准的话术是"您好，请问您是××吗？"。

六　征询是否方便接听

电话接通后，不要忘记先征询通话的人现在是否方便接听电话。如果通话对象正在开会、接待外宾或者有急事正要出门，则应该晚一点儿再拨打过去。否则，对方在百忙之中也很难心平气和地接电话。例如"××先生/小姐，不好意思打扰您了，请问您现在通话方便吗？"

七　简洁明了的信息

由于现代社会中信息量大，人们的时间概念强，因此，商务活动中的电话内容要简洁而准确。忌讳通话内容不着要领、语言啰嗦、思维混乱，海阔天空地闲聊和不着边际地"煲电话粥"很容易引起受话人的反感。打电话时要遵循"三分钟原则"。所谓"三分钟原则"是指：打电话时，拨打者应自觉地、有意地将每次通话时间控制在三分钟内。不要在电话里跟别人玩"捉迷藏"，比如"你猜猜我是谁""你知道我在哪儿""想知道我在干什么吗""不想问一问还有谁跟我在一起吗"等，所说内容应尽量简明扼要。

可在拨打电话之前，使用"金字塔"的方式列出内容提纲，逐条逐项地整理，拨打电话时边讲边看记录，随时检查是否有遗漏，这样表达既简明有序，又能突出重点，不会出现颠三倒四、现说现想、丢三落四的现象，可以事半功倍。除此之外还需要事先考虑采用何种表达方式向接电话者传达信息，使之能够马上领会到打电话的意图（表4-2）。

电话沟通目标　　　　　　　　　　　　　表4-2

主要目标	电话目的	我为什么打电话？
	明确目标	电话沟通结束后，我希望客户采取什么行动？
	两个问题	客户为什么会与我交谈？客户的目标是什么？
次要目标		不能和客户达成协议的情况下和客户达成什么样的关系？

八　礼貌的挂机

要结束电话交谈时，一般应当由打电话的一方提出，然后彼此客气地道别，说一声"再见"，再挂电话，不可只管自己讲完就挂断电话。应等对方放下话筒后，再轻轻地放下电话，以示尊重，切不可"啪——"的一下扔回原处。

交际礼仪的规则是上级、长辈、地位高者先挂电话。如果出现地位、年龄、性别等方面都相似的情况，一般由主叫方先挂。

模块4　接电话礼仪

接听电话不可太随便，须讲究必要的礼仪和一定的技巧，以免横生误会。无论是打电话还是接电话,我们都应做到语调热情、大方自然、声量适中、表达清楚、简明扼要、文明礼貌。接听电话有以下几个步骤。

一 前置准备

(1)准备笔和纸。俗话说得好,"好记性不如烂笔头"。人的记忆力是有限的,所以为了防止信息遗漏,我们在接电话之前需要准备好笔和纸,随时进行记录。此外,如若因没有纸笔而让对方等待,这是很不礼貌的。

(2)停止一切不必要的动作:不要让对方感觉到你在处理一些与电话无关的事情,对方会感到你在分心,这也是不礼貌的表现。

(3)正确的姿势。

(4)面带微笑。

二 自我介绍

(1)铃响三声之内接起电话。不要有意拖延,怠慢对方;也不要拿起听筒后,还和别人继续谈话,把电话放在一边。这些都会给对方留下不好的印象,有损公司形象。若长时间内无人接听,接起后可说"不好意思,感谢您的耐心等待"。即使你就在电话旁,也不可第一声就接起,有时会因信号问题吓到对方。训练有素的白领人士都有这样一个经验:桌上电话响了之后,手先上去,等它响两三声的时候再接听。

(2)左手持听筒,右手记录。

(3)主动向对方问好,做自我介绍(单位名称+姓名+职务)。例如:"您好,我是××4S店的销售顾问××"。这样做的目的是使客户知道他所打的电话是不是正确,确定你是不是他要找的人。需要注意的是,在商务交往中,不允许接电话时以"喂,喂"或者"你找谁呀"作为"见面礼"。特别是不允许一开口就毫不客气地查对方的"户口",一直寻问对方"你是谁"或"有什么事儿呀",这样显得既突然又粗鲁。

三 需求探寻

电话接线人员/销售顾问需第一时间询问顾客来电目的。上班时间打来的电话几乎都与工作有关,公司的每个电话都十分重要,不可敷衍,即使对方要找的人不在,切忌只说"不在"就把电话挂了。接电话时也要尽可能问清事由,避免误事。应首先了解对方来电的目的,如自己无法处理,也应认真记录下来,委婉地探求对方来电目的,这样既可以不误事而且还能赢得对方的好感。例如"请问,有什么可以帮助您的吗?""请问您有什么事吗?",而不要说"请问您需要什么服务?"这类会产生歧义的话语。

四 询问客户称谓

询问客户称谓,并始终使用客户尊称。例如"先生/女士您贵姓?""对不起,可以知道应如何称呼您吗?"。而不能唐突地问"你是谁",这在对方听来会显得陌生而疏远,缺少人情味。

学习单元 4　电话礼仪

五　回答并记录

（1）记录谈话要点，及时答复顾客的问题。接电话时应当认真听对方说话，而且不时有所反映，如"是的""对""好的""请讲""不客气""我听着呢""我明白了"等，或用语气词"唔""嗯""嗨"等，让对方感到你是在认真听。漫不经心、答非所问，或者一边听一边同身边的人谈话，都是对对方的不尊重。同时也不要轻易打断对方的说话。

（2）与顾客沟通确认记录的内容，确保正确理解顾客需求，以及顾客充分理解自己所做的解释。

六　总结需求，复述来电要点

与顾客确认需求点是否全面，防止记录错误或者偏差而带来的误会，并询问顾客有无其他需求。例如应对时间、地点等各方面信息进行核查校对，尽可能地避免错误。相应的话术："××先生/小姐，根据我们刚才的沟通，我了解到您1……2……3……，您看是这样吗？""××先生/小姐，我还有什么没有跟您说清楚的地方吗？请问还有什么可以帮到您？"。而不要说"你还有什么不明白的？你还有什么没听清楚的？"这些话语容易伤到对方自尊心。

七　确认联系方式

电话接线人员/销售顾问主动询问顾客的姓名和联系方式，例如"××先生/小姐，能否留一下您的联系方式吗？方便我们及时通知您""××先生/小姐，您的联系方式是139＊＊＊＊＊＊＊＊吗？后续我们会将店里的行车路线和优惠价格发送到您手机上"。

八　感谢挂机

电话接线人员/销售顾问向顾客礼貌道别，要语气诚恳、态度和蔼，提及"感谢您的致电，祝您生活愉快""再见"等礼貌用语。

模块 5　接打电话特殊情况处理

一　接到打错的电话时要保持风度

当对方拨错了电话或电话串了线，也应保持风度，切勿发脾气"耍态度"。确认对方拨错了电话，应先自报一下"家门"，然后再告知电话拨错了。对方如果道歉，不要忘记回复"没关系"，而不要回复"下次长好眼睛""瞧仔细些"这类没有礼貌的用语。

如果有可能，不妨问一问对方，是否需要帮助他查一下正确的电话号码。这样做可以借机宣传本单位以礼待人的良好形象。

二　遇到误拨、电话断线时要保持礼貌

在通话时，若电话中途中断，按礼节应由打电话者/地位低者再拨一次。拨通以后，须稍

做解释，以免对方生疑，以为是打电话者不高兴挂断的。

另外一旦自己拨错了电话，切记要对无端被打扰的对方道歉，恭敬地说声"对不起"，不要没有"回音"直接挂断电话。

三 巧妙应对让你讨厌的电话

接到熟人的闲聊电话时："对不起，我要接另一部电话了""对不起，我现在手上有事情要处理，回头再详细说""我的领导来找我有事了，改天再谈"。

接到一时难以应答的电话时："对不起，给我点时间去查一下资料，回头再给你电话，好吗""这件事情很重要，我要和领导商量一下再给你回复，好吗""对不起，我手头正有点急事要处理，回头我给您打电话好吗"。

接到"让你们老总接电话""你们经理家的电话号码是多少"这类野蛮电话，既要坚持原则，又要有礼节。你可以说，"对不起，我们经理正在开会，不方便接电话，我可以帮您转告，请经理打给您""对不起，我不知道他家里的电话，如果您有急事，我可以帮你找找他，看是不是可以找到"。

接到来电，恰巧正与顾客交谈时：首先应征得对方意见，"不好意思，我能接一下电话吗"，征得对方允许后，可接起电话说"不好意思，××先生/小姐，我现在不方便接听您的电话，过一会儿我给您回过去好吗"。

四 坚持访客优先原则

如果在有访客的时候电话响起，这时候要坚持访客优先的原则，征得访客的同意之后再接听电话；也可以让别人帮忙接听，这时要告诉对方待会儿再打电话过来或者自己待会儿回复对方。切勿在听到电话响起时就马上接电话或者接听电话以后把访客丢在一边，这些都是不礼貌的做法。

接听电话时，如面前有两部电话同时响铃，恰当的处理方式是自己接一部，找同事接另一部并作记录，切勿同时接听两部（图4-2）。

图4-2　不要同时接听两部电话

模块 6　转接电话礼仪

（1）若来电要找的人不在，那么首先要将该情况告知对方，然后才能询问对方称呼和来电意图。

【案例分析】

（电话声响起）

李秘书：您好！

客户：请问这是国际交流处吗？

李秘书：是的，先生您好，我们是国际交流处，先生您找哪位？
客户：我找你们王国华王处长。
李秘书：先生，您好，您找王处长什么事？
客户：我跟王处长同行啊，说好了今天给他打电话的。
李秘书：先生您到底什么事？
客户：我现在路过你们北京，想来看看王处长。
李秘书：先生您好，我们欢迎您，先生您什么时候来？
客户：我大概半个小时以后就能到你们那儿。
李秘书：先生不好意思，我告诉您，王处长不在。

　　李秘书的表达方式会让客户觉得王处长就在旁边，故意躲着不接电话。不能先问对方是谁，然后再说领导不在，这点原则一定要遵守。应先说："王处长正在接听另一部电话，有什么事我可以帮忙？"然后才慢慢问清楚对方是谁，找领导有什么事情。另外，"他现在很忙""我不知道"也是不能说的。因为说领导很忙，对方可能回一句"谁不忙啊？"另外，作为领导的贴身秘书，连领导在做什么也不知道，也会失礼。假如真的不是很肯定，也只能说："这个我也不肯定，等领导回来给您回复好吗？"

　　如果王处长在你身边，你可以大声一点，让旁边的他听到，迅速做出反应。要是王处长愿意接听，就说"请稍等"；若是不愿意听，则可以说："对不起，他刚走开，请问您是哪位？"对方此时留言，你可以大声重复一遍，让王决定是否接听，王若是愿意，你还可以说："请稍等，他回来了。"这是个既能表现自己的礼貌，又能帮到同事避免尴尬的好方法。

　　(2) 当需要来电等待时，应先告诉对方等待的原因，同时说明等待的时间，并致歉。每过20s留意一下对方，向对方了解是否愿意等下去。

　　(3) 当来电需要转接时，需向客户解释转接电话的原因以及转给何人，并及时将电话转接到要找的人或部门。话术为："请稍等片刻，我马上为您转接"。

　　(4) 若来电者要找的人不在或要找的部门没有人，应问问对方可否联系其他人或部门，或者是否有事情需要转告。话术可以为："××先生/小姐，对不起，×× 可能不在或在忙碌，是否由我为您服务"。

　　(5) 如果来电需要留言，一定认真做好记录工作。记录完毕后应向对方重复要点，对于号码、数字、日期、时间等，应再次确认，以确保准确无误。牢记5W1H技巧。在工作中这些资料都是十分重要的，对打电话、接电话具有相同的重要性。

　　(6) 把顾客留言正确无误地传达给同事。

模块7　手机礼仪

　　无论是在社交场所还是工作场合，放肆地使用手机已经成为礼仪的最大威胁之一，因此，手机礼仪越来越受到关注。在国外，已有电讯公司向顾客提供"手机礼节"宣传册，宣传使用手机的礼仪。

一 要遵守公德

公共场所是公有共享之处。在公共场所，人人都要自觉地保持肃静；手机狂响不止或与他人进行当众的通话，都是侵犯他人权利、不讲社会公德的表现。在参加宴会、舞会、音乐会，看电影、剧院看戏、餐桌上、前往法院、图书馆，或是参观各类展览时，尤须切记此点。如果必须回复，采用静音的方式发送手机短信是比较合适的做法。楼梯、电梯、路口、人行道、公交车等地方，也不可以旁若无人地使用手机，应该尽可能地压低自己的声音，绝不能大声说话。

在会议中和别人洽谈的时候，最好将手机关机，或调到震动状态。这样既能显示出对别人的尊重，又不会打断讲话者的思路。在会场上手机铃声不断，并不能反映你"业务忙"，反而显示出你缺少修养。另外，在开会前应把手头的工作向同事进行交代。这样做也是对有关交往对象的一种尊重和对有关活动的一种重视。

二 手机要放到适当位置

商务礼仪规定，手机的使用者应当将手机放置在适当之处。凡正式场合，切不可有意识地将其展示于人。道理其实很简单，手机是通信的工具，而绝对不能被视为可以炫耀的装饰品。穿套装、套裙之时，切勿将其挂在衣内的腰带上，否则，撩衣服取用或观看时，即使不使自己与身旁之人"赤诚相见"，也会因此举而惊吓对方。此外，商务人士切不可将手机握在手中、挂在胸前或有意当众对其进行摆弄。

按照惯例，外出之际随身携带手机的最佳位置有二：一是公文包里；二是上衣口袋之内。

三 要文明使用

不要滥用手机的拍照功能，在办公室拍照更要小心。因为有的同事不喜欢"出镜"，如果你一时兴起绕着他们拍来拍去，同事明明心有不快，又不能倾吐，难免会影响同事之间的感情。

由于网络技术的进步与发展，手机铃声不仅可以从网络上下载，而且可以自行编制，特别是彩铃的出现，很受年轻人喜爱。但是如果彩铃选择不适当，不仅会有损你的商务形象，还可能使你成为别人的笑柄。所以请选择合适的手机铃声，避免粗俗和低级的铃声。虽然当今社会推崇个性，但过于个性的电话铃声只会损害你的形象和公司的形象。

四 要注意安全

使用手机时，对于有关的安全事项绝不可马虎大意。在任何时候，切不可在使用时有碍自己或他人的安全。在驾驶车辆时，不宜同时使用手机通话。乘坐客机时，必须自觉地关闭随身携带的手机，以防它们所发出的电子信号干扰飞机的导航系统。

在加油站或是医院停留期间，也不准开启手机；否则，就有可能酿成火灾，或影响医疗仪器设备的正常使用。此外，在标有禁用手机的文字或图示的地方，均须遵守规定。

五 打手机的时间

尤其当知道对方是身居要职的忙人时，首先想到的是，这个时间他（她）方便接听电话吗？并且应有对方不方便接听的准备。在给对方打手机时,注意从听筒里听到的回音来鉴别对方所处的环境。如果很静,应想到对方可能在会议上,有时大的会场能感到一种空阔的回声,当听到噪声时对方就很可能在室外,开车时的隆隆声也是可以听出来的。有了初步的鉴别,对能否顺利通话就有了准备。但不论在什么情况下,是否通话还是由对方来定为好,所以"现在通话方便吗？"通常是拨打手机的第一句问话。在没有事先约定和不熟悉对方的前提下,很难知道对方什么时候方便接听电话。所以,在有其他联络方式时,还是应尽量避免拨打对方手机。

六　要重视私密

通信自由,是受到法律保护的。在通信自由之中,秘密性(即通信属于个人私事和个人秘密)是其重要的内容之一。使用手机时,对此亦应予以重视。

一般而言,别人的号码,尤其是手机号码,不宜随便告知他人,即便在名片上,也不宜包含此项内容。因此,不应当随便打探他人的手机号码,更不应当不负责任地将别人的手机号码转告他人,或是对外界广而告之。

出于自我保护和防止他人盗机、盗码等多方面的考虑,通常不宜随意将本人的手机借予他人使用,或是前往不正规的维修点对其进行检修。考虑到相同的原因,随意借用别人的手机也是不适当的。

模块 8　短 信 礼 仪

当一条短信在我们的精心策划下发出去的时候,我们的发送目的已经达到,但是我们的发送效果达到了吗？我们惊叹于"短信时代"的到来,惊喜于短信巨大功能的同时也烦扰于"短信骚扰"！由于短信业务在商务活动领域的广泛应用,我们希望看到一个文明的信息传送社会,希望我们商务活动中发送的短信达到切实有效的传播效果,使发送者和接收者皆大欢喜。

一　短信一定要署名

短信署名既是对对方的尊重,也是达到目的的必要手段。亲友之间、熟悉的客户之间,谁发短信,机主都知晓,所以可以不写称呼或落款。但如果给初交识的人或者对方对自己不熟悉者发短信,应该加上称呼和落款,使对方知晓来信息者为何人,方便沟通联系。如"××老师:新年好！学生给您拜年了！您的学生××"。

二　注意表述清楚明白,有所针对

短信息写作虽不太讲究结构和写法。但为了方便对方阅读,短信息发送前也应该从阅读者的角度考虑,事先思考好发送的内容,将所需告知的事项尽量在一两条信息内表述清楚。不可不假思索随心所欲地乱发,造成阅读者的麻烦。如某教师发短信问班长能否下午2点来办公室拿作业,该学生回短信说"我在宿舍",答非所问。于是老师再发短信询问,该学生回曰:"有空,"仍没有回复在点子上。

　　由于短信受时间、空间及其内容的限制,有引起歧义的风险,歧义的短信不仅不利于沟通和工作的顺利进行,甚至会影响人际关系。因为短信的收发双方按照自己的理解去办事或传达信息,都认为自己的理解合情合理。等到发生误会歧义,造成工作中的麻烦,由谁来承担责任很难说清楚!

三　不传播无聊、不健康或涉及敏感政治问题的短信

　　短信文明应该和通话文明一样重视。因为通过你发的短信,意味着你赞同至少不否认短信的内容,也同时反映了你的品位和水准。所以不要编辑或转发不健康的短信,特别是更不应该转发一些带有讽刺伟人、名人甚至是革命烈士的短信。收到无聊的、不健康的、反动的短信应立即删除,不要传播。收到诈骗性质的短信,及时向公安部门或有关电信部门反映或举报。

实　训　指　导

实训项目1　打电话给客户的礼仪训练

实训工具:一部电话,一台录音机。

实训步骤:

将学生分为两组,指定由第一组表演场景1,第二组表演场景2,每组同时准备5分钟。要求学生根据上述表演场景进行分组讨论,通过分析比较,找出在电话礼仪中哪些要点有利于促进对外打电话成功,时间大约为10分钟。

场景1:

李峰是恒大汽车4S店的服务顾问,同事在他的办公桌上留了一张便条,上面写着:"小李,客户王宇10:30给你打过电话,他认为您应该在9:30给他回电话,解释一下他昨天对车辆进行维修的账单上的费用。"于是,有了下面李峰与王宇的通话。

李峰:嗨,我是小李,有什么问题吗?

王宇:(迷茫地)小李?

李峰:是呀,恒大汽车4S店的小李。我是不是应该早一点给你打电话?

王宇:是的。我的车昨天在你们那里进行了维修,但是出来的账单上所列项目和费用与你们跟我承诺的不一样。你应该调查一下,然后向我解释一下原因。

李峰:(大声地叹气)好的,我真的很忙,没有时间调查。真对不起,你的账单号是多少?

王宇:小李,我正在开会,你可以下午再给我来个电话吗?

李峰:当然,我一会儿再给你电话。

(李峰挂断电话,王宇怀疑地盯着听筒)

场景2:

张杰是恒大汽车4S店的服务顾问,客户马先生打电话询问为什么这次做维护的费用比

上次高出很多。张杰说他会对马先生的账单情况进行核实,并在第二天上午9:00给他打电话。于是,第二天有了下面张杰与马先生的通话。

张杰:上午好,马先生。我是恒大汽车4S店服务顾问张杰。关于您昨天提出的车辆维护费用问题,我有些情况要告诉您。您看现在合适吗?

马先生:上午好,张杰,你真准时,我一直在等你的电话,你查到些什么?

张杰:我这有您这次做维护账单的复印件,您手边有账单吗?

马先生:有,这次费用为什么这么高?

张杰:哦,我认真查了。请您看一下维护项目的第三项,我们犯了一个错误,多算了一些不该计算的工时费。我真诚地为我们的错误道歉。为了弥补这一错误,我们会将多收的维护费用给您退回。这样就解决问题了,您看可以吗?

马先生:可以,张杰,谢谢你。

张杰:不用谢。再次对我们工作的失误向您道歉。如果您还有别的问题,请给我来电话,我的电话是8125555,再见!

实训项目2　接听客户电话的礼仪训练

实训工具:一部电话,一台录音机。

实训步骤:

将学生分为两组,指定由第一组表演场景1,第二组表演场景2,每组同时准备5分钟。要求学生根据上述表演场景进行分组讨论,通过分析比较,找出在电话礼仪中哪些要点有利于促进对外接电话成功,时间大约为10分钟。

场景1:

来电者:(模拟电话铃声,持续四次)

员工:(很仓促、心不在焉地)路通汽车维修服务站,我是王明。

来电者:你好!我要在你们那里做一次维护,现在想预约一下。

员工:(匆忙地)好!你什么时间准备来?哦,等一下,我找不到可以写的东西。好了。我准备好啦,请说。

来电者:明天下午三点。

员工:好的,我知道啦,谢谢!(挂断电话)

场景2:

来电者:(模拟电话铃声)

员工:(很愉快、很高兴地)这里是顺兴汽车4S店,我是服务顾问张桐。

来电者:你好!我订的高压点火线圈到货没有?你们说它应该在本月的20号到货,可是今天已经是23号了,怎么还没通知我到货呢?

员工:(不确定地)是吗?

来电者:我的车在你们那里做的维修,但是其中的高压点火线圈因你们没有货,所以我的车不能使用。可我现在急等用车!

员工:(自卫地)但是,我并不知道什么地方出了问题。对呀,那份订单并不是由我负责的。

来电者:什么意思?有没有搞错?(挂断电话)

实训要点:

(1)通过训练,使学生明确汽车服务人员在接电话过程中需要注意的礼仪细节。

(2)通过训练,使学生熟练掌握汽车服务人员接电话的具体流程。

实训项目3　转接客户电话的礼仪训练

实训工具:一部电话,一台录音机。

实训步骤:

将学生分为两组,根据指定的话题,要求学生进行电话转接练习,每组同时准备5分钟。要求学生根据上述表演场景进行分组讨论,通过分析比较,找出在电话转接过程中需要注意哪些礼仪,时间大约为10分钟。

话题:客户王先生想找销售部的李×,但是把电话打到了维修前台接待张×处,由张×替客户进行电话转接。

实训要点:

(1)通过训练,使学生明确汽车服务人员在接电话过程中需要注意的礼仪细节。

(2)通过训练,使学生熟练掌握汽车服务人员接电话的具体流程。

思考与练习

一、判断题

1. 接到打错的电话,不用理会,马上啪地挂掉,不能耽误工作时间。　　　　(　　)
2. 在和客户谈事的时候,如果手机响了,应该避开客户到其他地方接听。　　(　　)
3. 最好不要在嘴里含着食物时接打电话。　　　　　　　　　　　　　　　(　　)
4. 汽车服务人员打电话时,只需明确打电话的目的,不必关注时间的安排。　(　　)
5. 接电话应迅速,电话铃声一响就应立即接通。　　　　　　　　　　　　(　　)
6. 打电话时,应左手拿听筒,右手拿笔进行记录。　　　　　　　　　　　(　　)
7. 为了节省通话时间并获得良好的沟通效果,打电话之前和之中都需要斟酌通话内容。

　　　　　　　　　　　　　　　　　　　　　　　　　　　　　　　　　(　　)

二、选择题

1. 接起电话后,应当说(　　　)。
   A."喂,找谁?"
   B."喂,干嘛?"
   C."你是谁,有什么事情?"
   D."您好,欢迎致电××4S店,我是销售顾问×× ……"
2. 听到电话铃声响起,应该在(　　　)之内接听电话。

  A. 2声   B. 3声   C. 4声   D. 5声

3. 打电话应该选择(　　)的时间段。

  A. 早上9点   B. 中午11点到1点

  C. 上午10点到11点   D. 下午2点到4点

4. 正常情况下,每一次打电话的时间应当不超过(　　)。

  A. 1分钟   B. 2分钟   C. 3分钟   D. 5分钟

5. 通话中除应注意语言文明、举止文明外,还有(　　)。

  A. 态度文明   B. 讲话文明

  C. 行为文明   D. 姿势文明

6. 打电话过程中,可以同时做的事情是(　　)。

  A. 喝水   B. 操作电脑

  C. 吃东西   D. 抽烟

7. 如果观看电影时,手机响起,应当(　　)。

  A. 接起电话,提高音量,大声喧哗,使对方能够听清楚

  B. 不接电话,任由铃音响,直到对方挂断

  C. 立即挂断,短信回复对方或者立即出去接听

  D. 以上行为都不得体

8. 在(　　)地方不禁止使用手机。

  A. 驾驶汽车期间

  B. 飞机飞行期间

  C. 加油站、面粉厂、油库等易燃场所

  D. 上班时间

9. 电话接听基本技巧不正确的是(　　)。

  A. 左手拿听筒,右手拿笔

  B. 电话铃响四声内接听

  C. 报出公司或部门名称

  D. 确定来电者的身份和姓氏

10. 下列对电话接听技巧描述正确的是(　　)。

  A. 左手拿听筒,右手拿笔

  B. 听清楚来电目的

  C. 挂线前要复述来电要点

  D. 确定来电者的身份和姓氏

11. 接听电话时,恰当的说话速度是(　　)。

  A. 尽量快,节省双方时间   B. 尽量慢,确保对方听清楚

  C. 适当中速   D. 无所谓,全凭个人喜好

12. 为了在电话中给客户留下良好印象,接听电话时声音最基本要达到(　　)。

  A. 悦耳动听   B. 口齿清晰

  C. 故意假装   D. 声音洪亮

13. 5W1H通话要点中的1H指( )。
   A. 应如何表达得体　　　　　　B. 商谈细节
   C. 对方合宜的通话时间　　　　D. 洽谈的内容

14. 打电话时谁先挂,交际礼仪给了一个规范的做法( )。
   A. 对方先挂　　　　　　　　　B. 自己先挂
   C. 地位高者先挂　　　　　　　D. 以上都不对

15. 接到打错的电话,应当( )。
   A. "对不起,您打错了"
   B. "讨厌,打错了"
   C. "真烦人,以后别打了"
   D. 什么也不说,直接挂断电话

16. 你正在接听电话,此时另一部电话也响了,而办公室里只有你一个人在,你应当( )。
   A. 置之不理
   B. 同时接起另一部电话
   C. 尽快与第一个电话草草结束后,接起第二个电话
   D. 征得客户的同意与谅解,接听并迅速处理第二个电话

17. 接听电话时,如果向他人询问信息再来回答,恰当的方式是( )。
   A. 要求对方稍后再打过来
   B. 不接电话,捂住话筒,向他人询问后回答
   C. 先挂电话,问完后主动给对方回电话
   D. 不挂电话,敞开话筒,向他人询问后回答

18. 作电话记录时,应完整的记录要点( )。
   A. 何时,何地
   B. 何人,何事
   C. 何时,何事,何人
   D. 何时,何地,何人,何事,为什么

19. 关于拨打电话的基本礼节,下列表述错误的是( )。
   A. 为了缓和气氛,和对方玩猜谜性游戏
   B. 打电话者要主动终止通话
   C. 事先列好通话清单
   D. 电话接通后,先征询对方是否方便接听电话

20. 对于电话留言,比较恰当的处理方式是( )。
   A. 留到工作忙完,有空再来听
   B. 及时收听,不回复
   C. 及时收听,对重要的电话留言在24h内回复
   D. 及时收听,对所有的电话留言均在24h内回复

21. 转接电话时,不正确的操作是( )。
   A. 不说话直接转

B. 询问对方是否愿意转接

C. 先告知对方等待后,迅速转接

D. 每过20秒留意一下对方,向对方了解是否愿意等下去

22. 对于电话礼貌用语,下列不正确的是(　　)。

A. "对不起,您能否将您的姓名和地址留给我?"

B. "您还有其他吩咐吗?"

C. "请问有何贵事?"

D. "你是谁啊?"

23. 上班时间接听电话时,如果对方要找的人不在,应该(　　)。

A. 告诉对方不清楚要找人在何处

B. 立即挂电话

C. 马上告诉对方要找的人的手机号码

D. 礼貌地告诉对方他找的人不在,再询问来电意图,是否需要帮忙转达

24. 挂机之前应(　　)。

A. 总结需求,复述来电要点

B. 确认联系方式

C. 礼貌道别,感谢您的来电,祝您生活愉快

D. 以上都对

25. 对于电话礼仪不正确的做法是(　　)。

A. 需求探寻

B. 认真回答并记录

C. 以不同的态度对待不同的客户

D. 始终保持微笑愉悦的心情

26. 打电话时对方无人接听,不恰当的处理方式是(　　)。

A. 如果对方是手机,改用短信联系

B. 稍后再给对方打电话

C. 如是公司电话,换一个号码致电

D. 不停拨打

27. 接听电话时,恰当的接听姿势是(　　)。

A. 身体正直,右手拿听筒

B. 身体正直,左手拿听筒

C. 躺在椅子上接听

D. 用肩与脖子夹住听筒接听

28. 你想与客户的高级主管通电话,可与你交谈的是普通职员,此时正确的做法是(　　)。

A. 拒绝与普通职员交谈

B. 松一口气,态度变得松懈

C. 语气傲慢无礼

D. 仍然保持原有的口吻和态度

29. 关于接打电话的细节,下列说法错误的是( )。
   A. 通话过程简单、明了
   B. 语速要快,传达信息量多
   C. 多用尊称
   D. 频频应答对方

30. 平时不应将手机放在( )。
   A. 随身携带的公文包内
   B. 握在手里
   C. 放在上衣口袋
   D. 穿外套时挂在腰间

31. 汽车销售4S店接听电话时,正确的语言表达方式是( )。
   A. 只使用普通话
   B. 使用自己的方言
   C. 使用普通话或与来电同样的方言
   D. 使用当地的方言

32. 汽车销售4S店接听电话前,不恰当的动作是( )。
   A. 准备笔和纸
   B. 停止一切不必要的动作
   C. 拿起水杯喝水
   D. 面带微笑

33. 对待汽车销售4S店的工作电话时,正确的使用方式是( )。
   A. 接听来自亲人的电话时不控制时间
   B. 上班时间抽空给自己家人打电话
   C. 下班后给自己家人打电话
   D. 尽量不打私人电话

34. 如果接到被委托传话的电话时,应当( )。
   A. 拒绝,推说自己很忙
   B. 随口应承,事后却忘到脑后
   C. 答应帮忙转达,并记录清楚
   D. 让对方不必找自己的同事,坚持自己可以为客户解决问题

35. 接听电话过程中,你要与旁边的人私语,这时应当( )。
   A. 捂住听筒,小声询问
   B. 毫不顾忌,高声交谈
   C. 不向客户解释,就暂时离开电话去和他人交谈
   D. 先挂断电话,稍后再次拨打

三、填空题

1. 电话礼仪包括接听电话、拨打电话、_____。

2. 若电话接听稍迟,我们应该说一声"＿＿＿＿＿＿＿＿＿＿"。

3. 接听电话时,话筒应放置距离嘴角＿＿＿＿＿＿ cm。

4. 电话留言中我们除了作好详细的留言记录,同时要记得复述＿＿＿＿＿＿＿等,以确保留言的正确性。

5. 接听电话时,询问对方来电意图,应说"＿＿＿＿＿＿＿＿＿＿"。

6. 礼貌挂机之前,应说"＿＿＿＿＿＿＿＿＿＿＿"。

四、实操题

1. 李先生因为结婚需要买车,看上了上海大众的凌度车型,但是由于结婚筹备事宜太多,想先打电话至汽车4S店了解情况,认为合适之后再前往。若你是销售顾问,请模拟电话场景,进行电话礼仪训练。

2. 汽车4S店在与车主商定的新车交付时间内未及时向客户交付新车,并且也没有向客户解释或者告知,现遭到客户电话投诉,如果你是销售顾问,请模拟电话场景,进行电话礼仪训练。

3. 你去办公室找王老师,王老师刚好有事出去了,请你看一下门,这时候有电话打进来找王老师。模拟电话场景,进行电话礼仪训练。

4. 中秋节即将到来,你作为销售顾问需要维系与老客户之间的感情,请编制几条节日祝福的短信。

拓 展 学 习

一 电子邮件礼仪

商务往来中的电子邮件代表着公司的形象,显示着公司的水平和实力,直接影响到客户对公司的评估。一封规范的商务电子邮件,能够体现公司的规范化和专业性,从而留给客户良好的印象,为以后更好地合作打下基础。所以,商务电子邮件的写作在业务往来中占据着举足轻重的地位。据调查,约有88%的互联网用户使用电子邮件,而在商务领域中约有90%的员工通过电子邮件的形式来联系公务。随着全球经济一体化的发展,商务电子邮件的写作越来越受到重视。

电子邮件是一种用电子手段提供信息交换的通信方式,是互联网应用最广的服务。通过网络的电子邮件系统,用户可以以非常低廉的价格、非常快速的方式,与世界上任何一个角落的网络用户联系。电子邮件可以是文字、图像、声音等多种形式。同时,用户可以得到大量免费的新闻、专题邮件,并实现轻松的信息搜索。电子邮件的存在极大地方便了人与人之间的沟通与交流,促进了社会的发展。对待电子邮件,应像对待其他通联工具一样讲究礼仪。

1. 撰写与发送

(1) 主题要明确。

电子邮件的主题是接收者了解邮件的第一信息,因此要提纲挈领,使用有意义的主题行,便于收件人迅速了解邮件内容并判断其重要性。一般来讲,一封电子邮件只有一个主题。

(2)礼貌的称呼与问候。

在电子邮件中,恰当地称呼收件人,既显得礼貌,也明确提醒某收件人,此邮件是面向他的,要求其给出必要的回应。在多个收件人的情况下可以称呼"大家""all"。如果对方有职务,应按职务尊称对方,如"××经理"。如果不清楚职务,则应按通常的"××先生""××女士"称呼,但要把性别先搞清楚。不熟悉的人不宜直接称呼英文名,对级别高于自己的人也不宜称呼英文名。称呼全名也是不礼貌的,不要对谁都用"Dear ××",显得很熟络。关于格式,称呼是第一行顶格写。

同时,开头结尾的问候语也必不可少,俗话说得好,"礼多人不怪",礼貌一些,总是好的,即便邮件中有些地方不妥,对方也能平静地看待。开头问候语是称呼换行空两格写,如"你好"或者"您好"。结尾问候语如"祝您顺利""此致敬礼"等。

(3)简明扼要的正文。

Email正文要简明扼要,遵照普通信件或公文所用的格式和规则。邮件篇幅不可过长,以便收件人阅读。如果具体内容确实很多,正文应只作摘要介绍,然后单独写个文件附件进行详细描述。正文行文应通顺,多用简单词汇和短句,准确清晰地表达,不要出现让人晦涩难懂的语句。

根据收件人与自己的熟络程度、等级关系、邮件的性质(对内还是对外),选择恰当的语气进行论述,以免引起对方不适。要做到尊重对方,"请、谢谢"之类的语句要经常出现。而且电子邮件可轻易地转给他人,因此对别人意见的评论必须谨慎而客观。

一次邮件的信息要阐述完整,不要过两分钟之后再发一封"补充"或者"更正"之类的邮件,这种行文会让人反感。并且要尽可能避免拼写错误和错别字,注意使用拼写检查。在邮件发送之前,务必仔细阅读检查一遍。对于重要的信息可通过加大字号、粗体斜体、颜色等手段进行提示,但是过多的提示则会让人抓不住重点,影响阅读,所以必须合理有效地提示重要信息。

(4)提示附件查收。

若电子邮件中带有附件,应在邮件正文里面提示收件人查看附件;附件名称应按有意义的名字命名;附件的数目不宜超过4个,数目较多时应打包压缩成一个文件;如果附件是特殊格式文件,应在正文中说明打开方式,以免影响使用。

(5)结尾签名。

每封邮件在结尾都应签名,这样对方可以清楚的知道发件人信息。签名档中可包括姓名、职务、公司、电话、传真、地址等信息,但信息不宜行数过多,一般不超过4行。对内、对私、对熟悉的客户等群体的邮件往来,签名档应该进行简化。过于正式的签名档会让对方显得疏远。我们可以在OUTLOOK中设置多个签名档,灵活调用。

(6)正确使用发送、抄送、密送。

收件(TO):本邮件的主要责任人,包括需要审批、执行或直接参与邮件工作内容的人员。这些人员要受理邮件中所涉及的问题,必须对邮件予以回复响应。

抄送(CC):邮件的抄送是将文件在主送的同时发送给与邮件有关(需要知晓或遵照执

行)的单位用户,这些人只需要知道这件事,没有义务对邮件予以回应。一般需要抄送给主管上级、老板等。

TO、CC的各收件人的排列应遵循一定的规则,比如按部门排列、按职位等级从高到低或者从低到高排列等。

密送(BCC):只有发信的人知道密送给了谁,邮件接收者和抄送者都不知道发送者密送给了谁,但是接收密送的人知道是谁给他发的这封邮件,以及这份邮件本来发给了谁,并抄送给了谁,但不知道这封邮件同时又密送给了谁。

(7)发送邮件注意事项。

发送邮件最好不要将正文栏空白只发送附件,除非是因为各种原因出错后重发的邮件,否则不仅不礼貌,还容易被收件人当作垃圾邮件处理掉。重要的电子邮件可以发送两次,以确保发送成功。发送完毕后,可通过电话等方式询问是否收到邮件,通知收件人及时阅读。不要未经他人同意向对方发送广告邮件。发送较大邮件需要先对其进行必要的压缩,以免占用他人信箱过多的空间。尊重隐私权,不要擅自转发别人的私人邮件。

2. 接收与回复

应当定期打开收件箱,最好是每天都查看一下有无新邮件,以免遗漏或耽误重要邮件的阅读和回复。

收到他人的重要电子邮件后,即刻回复对方,这是对他人的尊重。对一些紧急重要的邮件,理想的回复时间是2小时内。普通公务邮件,应在收件当天予以回复,以确保信息的及时交流和工作的顺利开展。若涉及较难处理的问题,则可先电告发件人已经收到邮件,再择时另发邮件予以具体回复。若由于因公出差或休假而未能及时打开收件箱查阅和回复时,应该设定自动回复功能,以免影响工作。

当回件答复问题的时候,最好把相关的问题抄到回件中,然后附上答案。让对方一次性理解,避免再次反复交流,浪费资源。当对方给你发来一大段邮件时,回复不得少于10个字,只回复"是的""对""谢谢""已知道"等字眼是非常不礼貌的行为。不要就同一问题多次回复讨论,不要"盖高楼"。如果收发双方就同一问题的交流回复超过3次,这只能说明交流不畅,说不清楚。此时应采用电话沟通等方式进行交流后再做判断。电子邮件有时并不是最好的交流方式。

如果只需一人知道,应单独回复(Reply)给当事人,尤其是你对发件人提出的问题不清楚或者有不同意见时,应与发件人单独沟通,不要回复所有人(Reply all)。当结果已经确定,需要让大家都知道的时候,则采用Reply all的方式。

3. 电子邮件范文模板

尊敬的读者朋友:

大家好!

非常感谢您长期以来对《世界经理人》杂志的支持!

为了回报您对我们的拥护,我在这里很荣幸地邀请您成为我们上线一周年的尚品·人生网的尊贵会员,您将享受到我们仅为尚品·人生网站会员提供的所有优惠和特权,更有机会在尚品·人生网的社区中结识其他与您一样成功的精英人士!

您只要登录网站,点击"接受",便可自动成为尚品·人生网站的尊贵会员。

作为世界经理人网的姊妹网站,尚品·人生网以"享受成功品味生活"为使命,让成功人士在取得财富成果的同时,也能尽情享受丰盛的人生,得到生活与事业的和谐平衡。非常感谢您的关注,期待您加入尚品·人生网!

网址链接:http://elegantliving.ceconline.com/

谨致问候!

世界经理人资讯有限公司 市场部
电话:(010)×××××××
地址:×××
邮编:100005
Email:bjjjob@icxo.com

二 传真礼仪

商务传真又叫作传真电报,它是利用光电效应,通过安装在普通电话网络上的传真机,对外发送或接收外来的文件、书信、资料、图表、照片真迹的一种现代化的通信联络方式。现在,在国内的商界单位中,传真机早已普及成为不可或缺的办公设备之一。利用传真通信的主要优点是:操作简便,传送速度迅速,而且可以将包括一切复杂图案在内的真迹传送出去。

1.传真使用礼仪

商务人士在利用传真对外通信联络时,必须注意礼仪问题。

第一,必须合法使用。国家规定:任保单位或个人在使用自备的传真设备时,均须严格按照电信部门的有关要求,认真履行必要的使用手续,否则即为非法之举。具体而言,安装、使用传真设备前,须经电信部门许可,并办理相关的一切手续,不准私自安装、使用传真设备。安装、使用的传真设备,必须配有电信部门正式颁发的批文和进网许可证。如欲安装、使用自国外直接带入的传真设备,必须首先前往国家指定的部门进行登记和检测,然后方可到电信部门办理使用手续。使用自备的传真设备期间,按照规定,每个月都必须到电信部门交纳使用费用。

第二,必须清楚使用。使用传真设备通信,必须在具体的操作上力求标准而规范。不然,也会令其效果受到一定程度的影响。本人或本单位所用的传真机号码,应被正确无误地告之自己重要的交往对象。一般而言,在商用名片上,传真号码是必不可少的一项重要内容。对于主要交往对象的传真号码,必须认真地记好,为了保证万无一失,在有必要向对方发送传真前,最好先向对方通报一下。这样做既提醒了对方,又不至于发错传真。发送传真时,必须按规定操作,并以提高清晰度为要旨。与此同时,也要注意使其内容简明扼要,以节省费用。单位使用的传真设备,应当安排专人负责。无人在场而又有必要时,应使之自动处于接收状态。为了不影响工作,单位的传真机尽量不要同办公电话采用同一条线路。

第三,必须依礼使用。商务人员在使用传真时,必须牢记维护个人和所在单位的形象,必须处处不失礼数。在发送传真时,一般不可缺少必要的问候语与致谢语。发送文件、书信、资料时,更是要谨记这一条。出差在外,有必要使用公众传真设备,即付费使用电信部门设立在营业所内的传真机时,除了要办好手续、防止泄密之外,对于工作人员亦须以礼相待。人们在使用传真设备时,最为看重的是它的时效性。因此在收到他人的传真后,应当在第一时间内采用适当的方式告知对方,以免对方惦念。需要办理或转交、转送他人发来的传真时,千万不可拖延时间,耽误对方的要事。

2. 传真注意事项

传真的完整性:在发送传真时,应检查是否注明了本公司的名称、发送人姓名、发送时间以及自己的联络电话。同样地,应为对方写明收传真人的姓名、所在公司、部门等信息。所有的注释均应写在传真内容的上方。在发送传真时即便已经给了口头说明,也应该在传真上注明以上内容,这是良好的工作习惯,对双方的文件管理都非常有利。

传真的清晰度:发送传真时应尽量使用清晰的原件,避免发送后出现内容看不清楚的情况。

传真内容的限制:传真一般不适用于页数较多的文件,成本较高,且占用传真机时间过长也会影响其他人员的使用。

传真的使用时间:如果没有得到对方的允许,不要将发送时间设定在下班后,这是非常不礼貌的行为。

传真回复问题:如果传真机设定在自动接受的状态,发送方应尽快通过其他方式与收件人取得联系,确认其是否收到传真。收到传真的一方也应给予及时回复,避免因任何的疏漏造成传真丢失。在重要的商务沟通中,任何信息丢失都可能造成时间的延误甚至影响到合作业务的成败,这样的细节不可轻视。

(1)格式规范。

正式的传真必须有首页,上面注明传送者与接收者双方的单位名称、人员姓名、日期、总页数等,这样就可以让接收者一目了然。即使不是非常正式的传真,也必须以 3—1、3—2、3—3 等方式注明,让接收者一看就知道是三页。如果其中某一页不清楚或是未收到时,可以请对方再发一次,这样可以节省双方的时间。传真最好使用白色或浅色信纸。虽然有些人喜欢用深色信纸或是信纸上有黑色或深色的条纹,但使用这类信纸发传真会浪费扫描时间。

(2)内容齐全。

正式的传真信件必须像写信一样有礼貌,有必要的称呼、问候语、敬语、致谢语、签字等,尤其是信尾的签字非常重要,因为签字代表这封信是发信者同意后才发出的,表示传真信件的严肃性以及对对方的尊重。

(3)及时通报。

发送传真之前可以向对方通报一下,以免发错。收到传真后要尽快通知对方,以免对方不放心。这既是传真的工作程序,也是一种文明礼貌。

传真格式:

34139 JICNJCN   ①

668963 FAVPELG   ②

TLX NO.688305/5/91　　　　　　　③
ATT：MR. HANSON　　　　　　　④
电文（中英文对照）：

YRTLX22/5, TKSSENDGCK USD50000.
SMPLSAIRD TDY, PLSCFM SNST SO AS
TO ARRNG PRDCTN IN TIME. TKS。
你方5月22日传真收悉，谢谢寄来50000美元支票。样品已于今天寄出。请尽快确认以便及时安排生产。
谢谢。

MR. SMITH　　　　　　　　　　⑤
FROM：668963FAVPELG　　　　　⑥
传真格式说明：

①是收报人传真号码、收报人回应电码、收报人国别代码。②是发报人传真号码、发报人回应电码、发报人国别代码。③是发报人传真编号、发报日期。④是传真收件人（限用于发给某公司中某人或某一部门，否则可以省略）。⑤是发传真人（限用于某公司中某人或某部门出面发传真的情况，否则此行可以省略。）⑥是发报人传真号码、发报人回应电码、发报人国别代码（此行确认上述传真、系发传真人所发）。

表4-3所示为传真示例。

传　　真　　　　　　　　　　　　　表4-3

Fax	泰州德和电源有限公司		
收件人：	张×	发件人：	丁×
副本：		电话：	×××
电话：	×××	传真：	×××
传真：	×××	文件页数：	1
公司名称：	山东缁蓄机电设备有限公司	发件日期	2013.05.02
主旨：	500型正板栅压铸机　液压系统分配器报价		
■紧急	□请审阅　　□请批注	■请答复	□请传阅

张经理：
　　您好！
　　我公司有一台贵司的500型正板栅压铸机，之前铅锅上的压射系统总是存在打铅缓慢，每打不到二十张就提升不上来，我司先后更换过活塞、活塞环和活塞杆，检修过光电开关和油缸的密封，最后一次我们拆下后面的一套活塞环和活塞杆，发现里面有三只密封圈，我司的维修工和请的专业维修液压系统的师傅均反应是液压系统里的分配器有问题。但我们清理过液压系统，并装好后，打了二十片不到，还是无法提升上来，希望贵司帮我们分析一下原因并能提供一份详细的此型号分配器及相关配件的报价，以便我司能及时安排订购。
　　若有任何疑问及意见再与我联络。
　　祝工作愉快！生意兴隆！

　　　　　　　　　　　　　　　　　　　　　泰州德和电源有限公司
　　　　　　　　　　　　　　　　　　　　　××××年××月××日

3. 商务传真礼仪禁忌

发送传真时要注意语言,要礼貌不要生硬,不要说:"给我信号,我要发传真。"或者没有在传真上注明是给某某部门和某某人的情况下,说:"传真是给某某的。"不让对方记下了就挂断电话,对方可能会因为匆忙之中没有记牢而无从送达。

当对方不能准确说出要发送传真的部门和个人,而说公司没有这个人并挂断传真电话,粗暴地拒绝接收传真,这样做的后果不仅会破坏公司形象,还有可能因为拒绝了诚心想进行商务交往的对方而失去合作的机会。

4. 商务传真礼仪技巧

当你要接收一份传真时,商务对方在没有说清楚给谁,而自己也知道对方的确是商务交往的伙伴,此时你可以问他:"请问是送到上次您安排送达的××手中吗?"这样,商务对方就会更明确地交待给你,你就不会找不到送处或送错人了。

当你在发送传真和接收传真时刚好有同事或朋友来找你,你可以对对方说:"真不巧,我不得不先办完手头上的这件事。"或说:"我能一会儿再联系你吗?"有些特殊的商务传真是不可以让他人看见的。你在发送传真给商务对方的时候,最好先问:"请问您,现在方便接收传真吗?"从而让商务对方避免这方面的失误。

当你正在发一份传真时,由于某种原因,领导改变了主意让你马上中断传真,那么你可以和对方说:"对不起,传真机突然卡住了,我待会儿再给您传过去,好吗?"如果你处理不好,会让对方误认为你并没有诚意发传真,或者认为你并不重视这个传真,从而引起误会。

学习单元 5　　沟通技巧

学习目标

1. 领悟有效沟通的内涵；
2. 掌握有效沟通的技巧。

学习时间

10 学时。

模块 1　倾　　听

一　倾听的含义

倾听就是通过听觉、视觉等媒介进行信息、思想和情感交流的过程。通过倾听，人们不仅听到对方所说的话语，而且能听到不同的重音、声调、音量、停顿等内容。

很多人认为，倾听技能是每个人都具有的一种与生俱来的能力，不需要训练。所以，一谈到沟通，人们自然想到的是"说"，很少有人想到"听"。其实恰恰相反，人们在沟通过程中产生的许多问题往往是由于不善于倾听导致的。也就是说，不善于倾听所导致的失误要比不善于表达所产生的问题多得多。这也正验证了俗话所说的"会说的不如会听的"。可以说，每个人都具有天生的表达才能，却不一定具有天生的倾听技巧。

二　倾听的障碍

倾听的障碍有：
（1）当别人讲话时，心不在焉，想着自己的事；
（2）很容易被其他的背景或声音分散注意力；
（3）只被动地听对方讲述内容，而不积极响应，沉默不语；
（4）只听对方讲，但不了解对方的感受；
（5）听别人讲话时，不断比较与自己想法的不同点，一心想着辩驳，随意插话，打断别人；

(6) 专注点在谈话内容的某一细节上,而忽略对方所要表达的整体意义,抓不住要点;

(7) 仅仅听那些自己想听或希望听的事和内容;

(8) 听到自己所期望听到的东西,而不是对方实际谈话的内容;

(9) 在未听完并未了解事情的全貌前,急于做出评价,或者表现出不耐烦;

(10) 只关注表面的意义,而不去了解隐藏的意义。

三 有效倾听的技巧

1. 努力培养倾听的兴趣

在倾听时,倾听者既要保持良好的精神状态,又要以开放的心胸和积极的态度去倾听。这样不仅能够倾听到谈话的主要内容和观点,而且能够很容易地跟上说话者的节奏。即使自己对说话者所说的话感到失望,也要努力试着倾听正面及有趣的信息。一个有效的倾听者,常常会在倾听过程中思考以下问题:说话者谈论的主要内容和观点是什么?采取了什么样的表达方式?哪些内容和观点对自己具有借鉴价值?从说话者身上自己能够学到什么?这些问题不仅能够帮助倾听者培养倾听的兴趣,而且能够让倾听者在倾听过程中学到很多东西,这正是所谓的"从听中学"。但遗憾的是,人们在倾听时总是因自己的好恶进行取舍,只愿意听自己感兴趣的,而往往对自己不感兴趣的充耳不闻。事实上,在交谈过程中,"没有无趣的主题,只有无趣的人",关键在于自己能否培养出兴趣。

2. 注视对方的眼睛

眼睛是心灵的窗户。一位细心、敏感的倾听者会适当注视对方的眼睛,保持与说话者的目光接触,而不是看窗外、看天花板,或者看对方肩膀后面。如果不方便直视他人的眼睛,也可以用弥漫性的目光注视对方的眼睛周围,如发际、嘴、前额、颈部等。目光接触是一种非语言信息,表示"我在全神贯注听你讲话"。试想一下,如果你在说话时对方却不看你,你的感觉会如何?很可能会认为对方冷漠或不感兴趣,即便有重要的话题也不愿意再继续下去。

3. 了解对方的看法

倾听时可以不同意对方的看法,但至少要认真接纳对方的话语,点头并不时说"原来如此""我本来不知道"等,鼓励对方继续说下去。

4. 使用开放性的动作

人的身体姿势会暗示出对谈话的态度和兴趣。自然开放性的姿态代表着接受、容纳、尊重与信任。调查研究发现,攻击的、恳求的或不悦的声调以及弯腰驼背、手臂交叠、跷脚、眼神不定等肢体语言,都代表并传递着负面的信息,影响沟通的效果。所以,在倾听过程中,使用深感兴趣的、真诚的、高昂的声调会使人自信十足;恰当的肢体语言,如用手托着下巴等(图5-1),也会显示出倾听者诚恳的态度,这些都能让说话者感受到倾听者的支持和信任。

5. 及时用动作和表情给予呼应

有效的倾听者不仅会对听到的信息表现出兴趣,而且能够利用各种对方能理解的动作与表情及时给予呼应和反馈。

图 5-1 倾听的积极姿态——托下巴

如用赞许性的点头、恰当的面部表情与积极的目光接触相配合,向说话人表明你在认真倾听;利用皱眉、迷惑不解等表情,给讲话人提供准确的反馈信息以利于其及时调整。

6. 学会复述

复述指用自己的话来重新表达说话者所说的内容。有效的倾听者常常使用这样的语言:"我听你说的是……""你是否是这个意思""就像你刚才所说……"。这样,倾听者不仅能够赢得说话者的信任,而且还能够找到沟通语言,从而拉近彼此之间的距离。但是,需要注意的是,复述如果运用不当往往被看作对说话人的一种不信任。

7. 适时适度地提问

提问既是对说话者的一种鼓励,表明你在认真倾听,同时也是控制和引导谈论话题的重要途径。提问既有利于倾听者把自己没有听到的或没有听清楚的事情彻底掌握,同时也有利于讲话人更加有重点地陈述、表达。但需要注意的是,提问必须做到适时适度,要多听少问,如果倾听者满脑子考虑的是如何问问题,或提问像连珠炮似的,问起来没完没了,那么这种提问就失去了应有的价值,还会引起说话者的反感和不满。

8. 抑制争论的念头

沟通中难免会出现不同的认识和看法,当自己的意见和看法与别人不一致的时候,倾听者一定要学会控制自己的情绪,尽量抑制内心争论的冲动,要有耐心,放松心情,一定要等着对方把话说完,再来表达自己的看法和见解。有效的倾听者绝不会随意打断对方的谈话,更不会轻易动怒或争论。要记住,倾听的关键是"多给别人耳朵,少给声音",倾听的目的是了解而不是反对或争论。

模块 2 交 谈

一 交谈的基本礼节

1. 表情认真,举止得体

谈话的表情要自然大方,语气要和蔼亲切,表达要得体,可以适当运用一些手势来加强语气、强调内容。但手势不能太多和幅度过大,这会使人感到不舒服,切记用手指点对方,这被视作是不礼貌的行为。为表达敬人之意,切勿在谈话时左顾右盼,或是双手置于脑后,或是高架二郎腿,甚至剪指甲、挖耳朵等。交谈时应尽量避免打哈欠,如果实在忍不住,也应侧头掩口,并向他人致歉。尤其应当注意的是,不要在交谈时以手指指人,因为这种动作有轻蔑之意。

谈话的姿态也会反映出一个人的性格和心理。胆怯内向的人,谈话时往往双肩紧并、下垂,腰部弯曲,显示出一副紧张、卑屈的样子。因此,切忌采用这种姿态与人谈话。谈话分站、坐两种。如果站着与人交谈,说话时要挺胸、收腹,全身重量均匀的分配于两足,使重心稳定。这样,会感到自己的肩膀似乎宽了些,人也显得生气勃勃,泰然自若。如果是坐着谈话,要注意谈话距离宜保持在一臂之内,双脚要平放到地面,不宜交叠双腿,在身份高者面前,更不宜跷着二郎腿;坐时背部要紧靠椅背,肩膀平正,腰部挺直,良好的姿态会使人增强信心。

2. 不要贸然插话

参加别人谈话要先打招呼。别人在个别谈话时不要凑近旁听。若要插话,应待别人说完一句话的间隙,不可中途打断别人。对中途参与谈话的第三者,应以握手、点头或微笑表示欢迎。谈话中遇有急事需要处理或离开,应向谈话对方表示歉意。

3. 不谈禁忌话题

交谈一般不要涉及疾病、死亡等事情,不谈一些荒诞离奇、耸人听闻、黄色淫秽的事情。一般不询问女士的年龄、婚否,不直接询问对方履历、工资收入、家庭财产、衣饰价格等私人生活方面的问题。与女士谈话不说对方长得胖、身体壮、保养得好之类的话。对方不愿回答的问题不要追问,问及对方反感的问题应表示歉意或立即转移话题。不批评长辈及身份高的人员,不议论他国的内政。不讥笑、讽刺他人,也不要随便议论宗教问题。

4. 多使用礼貌用语

谈话中要使用礼貌语言,如"您好""请""谢谢""对不起""打搅了""再见"等。一般见面时先说:"早安""晚安""你好""身体好吗""夫人(先生)好吗""孩子们都好吗"。分别时常说:"很高兴与你相识,希望再有见面的机会""再见,祝你周末愉快""晚安,请问朋友们致意""请代问全家好"。

二 交谈的技巧

1. 选择恰当的时机和地点

为了保证交谈时间,集中交谈的注意力,在交谈时必须选择恰当的时间和地点。不同性质和内容的交谈应该选择在不同的场合下进行。当人们闲谈聊天时,应该找一个轻松愉快的环境。当人们进行商谈或谈判时,应找一个正式的场合。除正确选择场合之外,交谈也必须选择适当的时机,如果你走进上级的办公室,发现他满脸怒色、心情不好,这时你最好不要向上级提出过多的要求,哪怕这些要求在平时被认为是合理的;如果你发现某一员工作时神不定,这时你可以跟他谈谈心神不定的原因,但切不可在此时跟他探讨一件重要的事情。

2. 根据对象选择交谈话题

交谈的对象不同,兴趣爱好不同,关注点不同,因此交谈时必须根据交谈的性质和对象来选择相应的交谈内容。一般来说,交谈的主题,可以选一些内容文明、优雅、格调高尚、脱俗的话题,也可谈一些令人轻松愉快、身心放松、饶有情趣、不觉劳累的话题,如谈些天气、服装之类的话题。根据不同的对象来改变话题是提高交谈能力的一条宝贵经验,因为政治家有政治家的话题,哲学家有哲学家的话题,年轻人有年轻人的话题,女性有女性的话题。如果不分对象、不分场合,使用同样的态度、谈论同样的话题,显然是不合适的。

3. 事先了解交谈的内容

在交谈开始之前,最好事先了解需要交谈和可能交谈的内容,如果对交谈的内容一无所知,就不可能很好地参与交谈。事先了解交谈的内容,不仅包括交谈的主题、交谈的对象、交谈的环境、交谈的性质以及交谈的目的,而且还包括交谈是偏向理论性还是偏向实用性,这样才能使自己在交谈之前做到心中有数。

4. 把握交谈的尺度

无论什么样的交谈,都应该根据交谈的内容和对象把握住交谈的尺度,要弄清楚哪些话

该说、说到什么程度、哪些话不该说、怎样加以回避等。需要记住的是,当你与他人交谈时,不要一厢情愿地认为谈论任何事情都能气氛融洽,即便是最好的朋友,也不可能什么都能很好地交谈。有些谈话要求交谈者必须具有共同的兴趣和条件、共同的性格,或者一定程度的友情。如果你明知某人对将要谈论的话题持反对意见,那最好别让他参加进来。而当你知道某人在某个问题上不可理喻时,也不要试图用道理来说服他,因为这样做毫无意义。因此,根据交谈对象和内容把握交谈的尺度,对提高谈话效果具有重要意义。

5. 保持积极的倾听姿态

说话本身是用来向人传递思想感情的,所以,说话时的神态、表情都很重要。例如,当你向别人表示祝贺时,如果嘴上说的十分动听,而表情冷淡,那对方一定认为你只是在敷衍而已。所以,交谈时,要做到表情认真,目光应专注或注视对方,或凝神思考,从而和谐地与交谈进程相配合、眼中一动不动,眼神呆滞,甚至直楞楞地盯着对方,都是极不礼貌的。目光游离、漫无边际,这是对对方不屑一顾的失礼之举,也是不可取的。如果是多人交谈,就应该不时地用目光与众人交流,以表示交谈是大家的,彼此是平等的。在交谈时可适当运用眉毛、嘴、眼睛在形态上的变化,表达自己对对方所言的赞同、理解、惊讶、迷惑,从而表明自己的专注之情,并促使对方强调重点、解释疑惑,使交谈顺利进行。

适度的动作是必要的。例如,发言者可用适当的手势来补充说明其阐述的具体事由。倾听者可以点头、微笑来反馈"我正在注意听""我很感兴趣"等信息。适度的举止既可表达敬人之意,又有利于双方的沟通和交流。

6. 避免讨论无法讨论的问题

在工作和生活中,并不是所有问题都值得去讨论,也不是任何话题都可以拿出来讨论。有些情况下,因个人的性格、兴趣和爱好不同,对问题的看法也不相同,而我们很难用一个明确的是非标准来衡量谁对谁错。这时如果去引发一场毫无意义的讨论,不仅得不到任何结果,而且还有可能引发一些不必要的矛盾和冲突。

7. 善于提问和反馈

交谈是一种双方互动的过程,它要求交谈双方不仅要善于向别人提问,而且要善于处理别人的提问。当听到别人提问时,首先要弄清提问的内容和意图,然后再根据自己的知识和判断做出回答。对别人的提问不假思考地回答或回答离题都是毫无意义的。同样,当你向别人提问时,要尽可能将问题表达得明确易懂,既不能将简单问题复杂化,也不能把复杂问题简单化,不要因为自己对某一问题十分清楚就设想自己以任何方式提出来都会让他人明白,应根据交谈对象和内容选择相应的提问方法和形式。另外,在提问时,不要接二连三地提问,如果交谈对象众多的话,也要给别人提问的机会。

三 交谈的禁忌

1. 随便议论别人的短处或隐私

有些人在交谈过程中会随便议论别人的短处,或谈论别人的隐私。这样做不仅有损于别人和自己的形象,而且还有可能惹出许多麻烦和是非。因此,在与别人交谈过程中,不可热衷于议论他人的缺陷或丑闻,更不应事后加以传扬。谈论别人的隐私或丑闻绝对是有百害而无一利的。如果是无中生有的中伤,会对当事人造成莫大的伤害。

2. 独占谈话时间

在与人谈话时口齿伶俐虽然是件好事，但是，如果独自一人滔滔不绝地大发议论，这反而是不礼貌的。交谈时应该尽可能地做到长话短说，毕竟谈话不是给人上课，你不能只顾自己讲话，而忽视别人的存在，更何况在交谈过程中人人都有发表意见的权利，你必须尊重别人的权利。

3. 处处与人争辩

在交谈过程中，一切的争辩都应尽力加以避免。争辩是一场没有赢家的战争，不仅会伤害对方，而且也会给自己带来极大的危害。处处争辩有下列危害：一是会损害别人的自尊，同时让他人对你产生反感；二是会使你养成专挑别人错误的恶习；三是可能使你变得狂妄而骄傲；四是可能会使你失去很多朋友。

4. 用质问式的语气交谈

用质问式的语气进行交谈是最容易伤害感情的。许多争吵、矛盾和摩擦都是因为采用了质问式的语气而起的。有这种习惯的人，多半心胸狭窄、吹毛求疵、自大好胜。应知道，尊敬别人是有效交谈的必备条件，在交谈中故意为难别人或使人难堪，对人、对己都没有好处。

5. 用生硬的口吻批评别人的错误

在指出或纠正别人的缺点和错误时，说话一定要温和，要先表示同情对方犯错误的原因，然后再用温和的方法指出错误来，不可用过激的或使人听了不舒服的字眼，如"你真糊涂，这件事完全弄错了！"这种口气和语言是让人无法忍受的。另外，纠正别人不正确的做法时，最好用请教式的语气，而不是用命令的口吻。例如："你不应该用红色"不如"你觉得不用红色是否会更好看一点呢"效果更好。

6. 一味地谈论自己的事情

人们在交谈时都乐于谈自己的事情，而对于与自己毫无关系的事就不大关心。但自己感兴趣的事并不一定能引起别人的共鸣。无论多么出众的人物，如果一味地谈论自己，必将引起他人的不快。有些人在谈话中只谈与自己有关的事，结果给别人留下一个傲慢自大的印象。

7. 自吹自擂

在一切的愚笨行为中，再没有比在别人面前自吹自擂更愚笨、更可怕的了。凡有修养的人必不随便说及自己，更不会自夸。对于自己不知道的事情，不要冒充内行，因为这是一种自欺欺人的行为。自己知道多少就说多少，没有人要求你是一个百科全书。即便是最有学问的人，也有不知道的事情。坦白地承认自己对于某些事情的无知，绝不是一种耻辱，反而能够得到别人的尊敬。

模块3 提 问

一 提问的类型

提问能使倾听更具有含金量。在倾听过程中，恰当地提出问题，与对方交流思想、意见往往有助于人们相互沟通。沟通的目的是获得信息，知道彼此在想什么、要做什么。适时适度地提问,不仅能够促进、鼓励讲话人继续谈话,从对方谈话的内容、方式、态度、情绪等方面获得更多的信息,而且能够促进双方和谐关系的建立,因为这样的提问往往有尊重对方的意味。

从回答问题的角度,可将提问划分为开放式与封闭式提问。

1. 开放式提问

开放式提问是指被提问者在回答提问时,不能用简单的"是"或"不是"以及"对"或"错"来回答,必须经过思考并展开来加以解释。这种提问方式能够帮助提问者了解更多的情况和事实,同时回答者也有更多、更自由的发挥空间。开放式提问常采用"什么""谁""如何""什么地方""什么时间""为什么"这样的特殊疑问词。如"你对这个问题有什么看法""公司今年的销售业绩如何"等,对这些问题,回答者显然不能用"是"或"不是"以及"对"或"错"来回答,只能展开来加以解释。

开放式提问既有优点也有不足。开放式提问气氛缓和,可自由应答,可以作为谈话中的调节手段松弛一下神经。同时,开放式提问也可作为正式谈话的准备,如"最近怎样",为后面开始实质问题的交谈做铺垫。但开放式提问也有缺点,如果所提问的开放式问题范围较大,回答者在自由发挥的情况下有可能偏离谈话的主题,导致谈话效率低下。

2. 封闭式提问

封闭式提问是指被提问者在回答提问时能够用简洁的语言来回答,如"是"或"不是"以及"对"或"不对"等。回答结果往往可控制,或者与预期结果相近。企业在进行市场调查和顾客访谈时,为了既了解更多的信息又减少被访谈对象回答问题所占用的时间,常常提问一些封闭式的问题,如,"您是否消费过我们的商品?""您对我们的服务是否满意?""您打算下次购买吗?"对这些提问,顾客只要简单地给予回答,就能使企业了解或掌握相应的情况和信息。比较来说,封闭式提问的使用机会较多,其优点是可以控制谈话及辩论的方向,同时可以引导和掌握对方的思路,但运用不当会使人为难,气氛容易紧张。因此,使用封闭性提问时一定要注意环境、场合、口气,尽量避免语气生硬或过分锋芒毕露。

二 提问的技巧

1. 提出的问题要明确

这里所说的明确具体,既包括表述问题的词义明确具体,便于理解,也包括问题的内容明确具体,便于回答。如果提出的问题含糊不清或过于抽象,不仅回答者难以回答,还有可能造成曲解或误解。另外,在提问时还要尽量语言精练、观点明确、抓住重点。在很多情况下,人们在提问之前总愿意加上一些过渡性的语言来引出自己所提的问题,这里需要说明的是,过渡性的语言一定要精练、简短,不要过于啰嗦,否则的话,回答者可能还没有听到你的提问就对问题或你本人产生了反感。

2. 提出的问题要少而精

恰当地提问有助于双方的交流,但太多的提问会打断讲话者的思路,扰乱其情绪。至于提多少问题比较合适,不可一概而论,要根据谈话的内容、交谈双方的个人风格特点而定。如果你有爱问问题的习惯,在交谈时一定要控制自己提问的数量,最好做到少问或者不问问题;如果你从不愿意问问题,在与别人进行交流时最好预先设计一些问题,到时尽量把它们提出来,以锻炼自己的胆量和勇气。但是,不管你具有什么样的个人风格和特点,在交谈时都必须牢记一点，那就是多听少问。

3. 提出的问题应紧扣主题

提问是为了获得某种信息，所问问题要在倾听者总目标的控制掌握之下，要能通过提问把讲话人的讲话引入自己需要的信息范围。这就要求提出的问题要紧紧围绕谈话内容和主题，不应漫无边际提一些随意而不相关的问题，因为这既浪费双方的时间又会淡化谈话的主题。

4. 提问应注意把握时机

提问的时机十分重要，交谈中如果遇到某种问题未能理解，应在双方充分表达的基础上再提出问题。过早提问会打断对方思路，而且显得十分不礼貌；过晚提问会被认为精力不集中或未能理解，也会产生误解。一般情况下，在对方将某个观点阐述完毕后应及时提问。及时提问往往有利于问题的及时解决，但及时提问并不意味着反应越快越好，最佳的时机还需要倾听者灵活地捕捉。如果在不适当的时机提出问题，可能会带来意想不到的损失。

5. 提问应采取委婉、礼貌的方式

讲究提问方式，避免使用盘问式、审问式、命令式、通牒式等不友好、不礼貌的问话方式和语态语气。如果交谈的气氛较为紧张，有些人会对他人的行为、语调或话语产生防卫性反应。为避免造成紧张的防卫气氛，我们最好不用"你为什么没准时到，我们误车了"，而说："由于你没能准时到场，我们误了车。以后如果再有类似情况，你事先通知我们一声好吗？"

此外，提问还应适应对方的年龄、民族、身份、文化素养、性格等特点。有的人率直热诚，你应坦诚直言，否则他会不喜欢你的狡猾、不坦率；相反，有的人生性狡黠多疑，你最好旁敲侧击，迂回进攻，否则很可能当即碰钉子。

模块 4　身体语言

在我们进行沟通的过程中总是伴随着身体语言的出现，它包括肢体语言、面部表情、姿态语言以及着装打扮等，例如图 5-2 中所示。

图 5-2　沟通中的身体语言

一 肢体语言

肢体语言主要指四肢语言,它是身体语言的核心。通过对肢体动作的分析,可以判断对方的心理活动或心理状态。

1. 手臂语

站立或走路时,双臂背在背后并用一只手握住另一只手,表示有优越感和自信心。若双手背在身后,不是手握手,而是一手握另一手的腕、肘、臂,则成为一种表示沮丧不安并竭力进行自我控制的动作语言,暗示了当事者心绪不宁的被动状态。

手臂交叉放在胸前,同时,两腿交叠,表示不愿与人接触;而微微抬头,手臂放在椅子上或腿上,两腿交于前,双目不时观看对方,则表示有兴趣来往。

双手放在胸前,表示诚实、恳切或无辜。如果双手手指并拢放置于胸前的前上方呈尖塔状,则通常表明充满信息。

常见的手臂语如图 5-3 所示。

a)疏远　　b)接纳　　c)无聊　　d)感兴趣

图 5-3　常见的手臂语

2. 手势语

手势是身体动作中最核心的部分。手势可以是全民族通用的,如摇手表示"不"。手势也会因文化而异,如在马路上搭便车时,英国、美国、加拿大等国家是面对开来的车辆,右手握拳,拇指翘起向右肩后晃动。但在澳大利亚和新西兰,这一动作会被看成是淫荡之举。在人们的日常生活中,有两种最基本的手势:掌心向上,摊开双手,表示真诚坦率,不带任何威胁性;而掌心向下,表明压抑、控制,带有强制性和支配性,容易使人们产生抵触情绪。

在日常沟通中其他常见的手势还有:不断搓手或转动手上的戒指,表示情绪紧张或不安;两手手指交叉,两个拇指相互搓动,往往表示闲极无聊、紧张不安或烦躁不安等情绪;将双手手指架成耸立的塔形,表示有发号施令和发表意见的欲望;若成水平的尖塔形则表示愿意听取别人的意见。

图 5-4 所示为自信的手势。

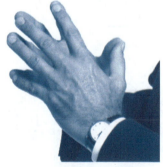

a)尖塔式手势　　b)竖起拇指

图 5-4　表示自信的手势

3. 腿部语言

站立时两腿交叉往往给人一种自我保护或封闭防御的感觉;相反,说话时双腿和双臂张开,脚尖指向谈话对方,则是友好交谈的开放姿势。

架腿而坐,表示拒绝对方并保护自己的势力范围;而不断地变换架脚的姿势,是情绪不稳定、焦躁或不耐烦的表现;在讨论中,将小腿下半截放在另一条腿的上膝部,往往会被人理解为辩论或竞争性姿势;女性交叉上臂并架脚而坐,有时会给人以心情不愉快甚至是生气的感觉。

坐着的时候无意识地抖动小腿或脚后跟,或用脚尖拍打地板,表示焦躁、不安、不耐烦或是为了摆脱某种紧张感。

图 5-5 所示为腿部语言示例。

a)脚趾上翘,表示情绪不错

b)双手放于膝盖,重心挪于脚上,表示想要起身离开

图 5-5 腿部语言

二 面部表情

1. 眉

眉在交流的过程中也扮演着重要的角色:当人们表示感兴趣或有疑问的时候,眉毛会上挑;当人们赞同、兴奋、激动时,眉毛会迅速地上下跳动;处于惊恐或惊喜之中的时候,眉毛会上扬;而处于愤怒、不满或气恼时,眉毛会倒竖;当窘迫、讨厌和思索的时候,往往会皱眉。

2. 嘴

嘴的动作也能从各方面反映人的内心。嘴的表情是通过口型变化来体现的:鄙视时嘴巴一撇;惊愕时张口结舌;忍耐时紧咬下唇;微笑时嘴角上翘;气急时嘴唇发抖等。当然,嘴还可和身体的其他部位配合以表示不同的含义。

3. 微笑

微笑能给人一种容易接近和乐于交流的印象。善于交际的人在人际交往中的第一个行动就是面带微笑。微笑能够使沟通在一个轻松的氛围中展开,可以消除由于陌生、紧张带来的障碍。同时,微笑也显示出你的自信心,表示你希望能够通过良好的沟通达到预定的目标。

图 5-6 所示为真笑与假笑时的面部表情。

三 体触语

体触是借身体间的接触来传达或交流信息的行为。体触是人类的一种重要的非语言沟通方式,它使用的形式多样,富有强烈的感情色彩及文化特色。体触语能产生正、负两种效应,其影响因素有性别、社会文化背景、触摸的形式及双方的关系等。由于体触行为进入了最敏感的近体交际的亲密距离,容易产生敏感的反应,特别是在不同的文化背景中,体触行为有其不同的含义,因此,在沟通中要谨慎地对待。

a)假笑时,嘴部向外扩,眼部无动作

b)真笑时,嘴角上扬,眼部上挤,眉毛微微下弯

图5-6　真笑与假笑时的面部表情

四　服饰

服饰是"无声的语言",直接影响陌生人对自己的第一印象。对方通过你的着装可以得出你的社会地位、性格等各方面的信息。

实 训 指 导

实训项目1　倾听技巧实训

实训工具:笔,记录本。

实训步骤:

(1)分组。两人一组,甲和乙。

(2)第一轮,甲作主讲者,用两分钟的时间向倾听者讲述最开心的一次假期,其中包括地点、人物和时间;乙作倾听者,请用心倾听甲的讲述,尝试用良好的反馈,如目光交流、身体微微前倾,适当时微笑或提问。

(3)第二轮,乙作主讲者,用两分钟的时间向倾听者讲述最开心的一次假期,其中包括地点、人物和时间;甲作倾听者,请先用心倾听一分钟,接着用另一种心态去倾听,如四处张望、玩弄指甲、交头接耳、无精打采、烦躁不安等。

(4)学生讨论:

身为主讲者,你有何感受?为何如此?

举出乙曾表现出的有效的倾听技巧。

你凭什么判断甲并非在倾听?

哪些倾听技巧是你常用的?你是否有过对讲述内容不感兴趣的表现?那么你认为主讲

者的感受会如何?

实训要点:

(1)倾听的重要性。

(2)有效倾听的技巧。

实训项目2　面部表情沟通实训

实训工具:A4白纸若干张。

实训步骤:

(1)分组。6~8人一组。

(2)组内讨论。在5张A4纸上分别写出一种情绪,发给5位同学,由他们练习表演,并说明他们的任务是仅仅通过面部表情展示各种情绪。

(3)每组5位同学轮流上前表演,其余组进行讨论并确定表演组所展现的情感,直到所有小组展示完毕。

(4)依次讨论每组同学展示的面部表情,讨论中特别注意额头、眉毛、眼睛、嘴巴和头部的倾斜等动作。

(5)表演者展示准备好的白纸。

实训要点:

(1)身体语言更能表达出一个人的情绪。

(2)不同人在不同环境下,所表现出的身体语言有差异。

实训项目3　提问技巧实训

实训工具:四张大白纸,白板笔。

实训步骤:

(1)准备四顶纸帽子,分4组。

(2)在教室前面放四把椅子,每组选一名同学坐在椅子上,面对小组的同学们。

(3)教师将准备好的帽子写上四个名人的姓名,戴到四名同学头上。

(4)由坐在椅子上的第一位同学开始猜,要求必须使用封闭式问题,如"我是××吗?",如果小组同学回答"是",则可以继续提问;如果小组同学回答"不是",则轮到下一位同学进行提问,如此类推。

(5)最先猜出自己帽子上所写人名的同学获胜。

实训要点:

(1)封闭式问题能够帮你获得具体信息。

(2)使用封闭式问题要避免语气生硬。

思考与练习

一、选择题

1.沟通模式分为(　　)和肢体语言沟通两种。

　　A.口头语言沟通　　　　　　　　B.书面语言沟通

C. 图片或者图形　　　　　　　　D. 语言沟通
2. 以下选项中更容易沟通的是(　　)。
　　A. 思想　　　B. 信息　　　C. 情感　　　D. 以上都不是
3. 积极聆听是指(　　)。
　　A. 一边听一边与自己的观点进行比较，并评论
　　B. 边听边想自己的事情
　　C. 设身处地聆听
　　D. 选择性地聆听
4. (　　)是聆听的消极行为。
　　A. 点头　　　B. 身体前倾　　　C. 微笑　　　D. 频繁看表
5. 沟通一定是(　　)的。
　　A. 单向的　　　B. 多向的　　　C. 双向的　　　D. 反复的
6. 封闭式提问的不足之处是(　　)。
　　A. 收集信息全面　　　　　　B. 谈话气氛紧张
　　C. 浪费时间　　　　　　　　D. 谈话不容易控制
7. 以下属于封闭式问题的是(　　)。
　　A. 请问去西安有哪些航班？　　B. 你对我公司有什么看法？
　　C. 请问一下会议结束了吗？　　D. 这个问题你认为如何解决比较好？
8. 一个完整的双向沟通过程包括(　　)和(　　)。
　　A. 发送　　　B. 传达　　　C. 反馈　　　D. 接收

二、简答题

1. 什么是非语言沟通？它包括哪些内容？
2. 开放式问题和封闭式问题各自的特点是什么？

拓展学习

一　环境语言沟通

　　空间距离是重要的环境沟通语言。沟通过程中，不同的空间距离能够表达不同的含义和情感，甚至能够反映出不同的信仰、价值观及文化内涵。日常生活中，人们时时刻刻都与空间距离相联系，并利用空间距离表达或传递信息。例如，当你一走进教室，就面临着一个怎样使用空间的决策，即你必须选择坐在哪里。看起来坐在哪里似乎是一件很随便的事情，但事实上你所坐的位置已经反映了你将会与老师发生多大程度的相互影响。如果你在前排或比较明显的位置，表明你可能希望与老师有更多的讨论和交流；如果你坐在后排或角落里，表明你可能在向老师传递不想交流的信息。可以说，人们通过对空间、场所以及距离的

利用,丰富地表达着自己的心理、情感和愿望。

1. 空间距离的功能

(1) 空间距离表达了领地意识。

围墙、门以及其他作为隔断和边界标志的东西,把某人的领地与别人的领地分割开来。领地边界代表了安全和隐私,保护个人不受他人的侵犯。对人们而言,拥有一种"家"的感觉似乎相当重要,因为家是熟悉的、可预期的和属于自己的。英国的一项研究表明,那些拥有自己院子的家庭比那些与人共享公共院子的家庭更友善。空间距离正是表达了这样一种领地意识,它反映了人们对个人安全的保护的要求。

(2) 空间距离反映了亲密程度。

观察人们与他人之间保持的距离,可以发现哪些人处于密切的关系中,哪些人处于更为正式的关系中。如果你走进总经理的办公室,他继续坐在自己的办公桌前,可以预见你们的谈话将是正式的;如果他请你在房间一角舒适的椅子上与他并肩而坐,则意味着他力图营造一种亲切交谈的氛围,那么谈话将会是非正式的。

(3) 空间距离代表了一个人的身份。

在一个组织中,空间距离能够显示个人的地位高低和权力大小。一个人的身份地位越高,拥有的空间就会越多,公司高层管理人员往往拥有大而漂亮的办公室。一个人的级别越高,受到的保护就会越好,如有较高身份地位的人,通常都有秘书或助理以资差遣,他们的工作是保护老板的时间,并过滤老板不想见的人。

2. 空间距离的类型

(1) 亲密距离。

亲密距离一般在 0～0.5m 之间。因为交谈者有意识地与对方频繁地进行身体接触。适用对象为父母、夫妻、知心朋友或情侣之间。在工作场所很少使用这种距离,虽然某些时候一个人向另一个人耳语、握手、拥抱也很常见,但这样的接触通常在数秒钟内就会结束,当事人会立即回到私人距离或社会距离。

(2) 私人距离。

私人距离一般在 0.5～1.2m 之间。这是人们在进行非正式的个人交谈时最经常保持的距离。这个距离远到足以看清对方的反应,近到不侵犯亲密距离。这一空间通常被说成是看不见的气泡,将每个人团团围住,它的大小可根据交流情形膨胀或缩小。人们习惯性设定的私人距离会反映出人们自信心的强弱和保护个人隐私的心态。成功的沟通者在与他人接触时会对他人设定的私人距离保持足够的敏感性。

(3) 社交距离。

社交距离一般在 1.2～3.5m 之间。商业活动、咨询活动、交往性聚会和工作访谈等都需利用社交距离。在一个有许多工作人员的大办公室里,办公桌是按社交距离摆放的,这种距离使每个人都能够把精力集中在自己的工作上。在一些重要人物的办公室,办公桌也大到足以使来访者保持恰当的社交距离。社交距离的控制基于谈话姿态、交谈对象等因素,诸如你是站着、坐着,或者你是与一个人交谈还是与一群人交谈。

(4) 公众距离。

公众距离一般在 3.5m 以上。这一距离大多用于讲课、演说、演戏等场合。在公众距离下,谈话内容不涉及个人私事,因此人们说话声音会较高,手势也比较夸张,同时人们相互影响的机会也更少。

二 赞美的技巧

马克·吐温曾说过:"一句精彩的赞词可以代替我十天的口粮。"渴望得到赞美是每个人内心中最迫切的需求之一,恰到好处地赞美别人自然会得到别人的回应与赞美。在许多场合,适时得当的赞美常常会发挥它的神奇功效。人人都渴望赞美,这是人们的共同心理。赞美是一件好事,但绝不是一件易事。总体来说,要想学会正确地赞美别人,一般都要注意以下几点。

1. 赞美要有真情实感

虽然人都喜欢听赞美的话,但并非任何赞美都能使对方高兴。能引起对方好感的只能是那些基于事实、发自内心的赞美。相反,你若无根无据,虚情假意地赞美别人,对方不仅会感到莫名其妙,更会觉得你油嘴滑舌、诡诈虚伪。

2. 赞美要翔实具体

赞美对方的时候,要从某个局部、某件具体的事情入手,因为局部、具体的赞美会显得更真诚、更可信。赞扬对方的时候往往细微之处显真情,当同事朋友或下级感受到你对他优点的切实了解时,你也就获得了他们的信任、真诚相待及工作上的积极支持。

3. 赞美要因人而异

人的素质有高低之分,年龄有长幼之别,因人而异、突出个性的、有特点的赞美比一般化的赞美能收到更好的效果。

4. 赞美不要过于夸张

在赞美他人时,适当地夸张一点能够有利于表达自己的感情,对方也乐于接受,但过分地夸张就有阿谀奉承、溜须逢迎之嫌。言不由衷或言过其实,对方都会怀疑赞扬者的真实目的。

5. 背后赞美比当面赞美更有效

在背后说别人的好话,会被人认为是发自内心的、不带私人动机的赞美。除了能给更多的人以榜样的激励作用外,还能使被说者在听到别人"传播"过来的好话后,更感到这种赞扬的真实和诚意,从而在荣誉感方面得到满足的同时,增强了上进心和对说好话者的信任感。

6. 借用第三者的口吻赞美对方

在一般人的观念中,总认为第三者所说的话是比较公正的、实在的。因此,以第三者的口吻来赞美,更能得到对方的好感和信任。

7. 对事不对人的称赞更客观

这种称赞,可以增强对方的成就感。例如:"你今天在会议上提出的维护公司声誉的意见很有见解。"这种称赞比较客观,容易被对方接受,同时也使对方感到领导对他的称赞是正常的。要是我们把赞美的焦点放在了他人所做的事情上,而不是他们本身,他们就会更容易接受你的称赞,而不会引起尴尬。

学习单元 6　　求职面试礼仪

学习目标

1. 能够撰写求职简历；
2. 能够撰写求职信；
3. 会运用求职面试技巧。

学习时间

8 学时。

对于即将毕业的大学生来说，最关注的事情就是顺利找到一份满意的工作。然而，社会就业压力不断增加，要想在众多求职者中赢得用人单位的青睐，必须在第一次接触中与对方进行有效沟通，抓住对方的兴趣。这就要求每一位大学生掌握求职简历及求职信的撰写，了解面试技巧，从而更好地展现个人风采，赢得心仪职位。

模块 1　求职简历礼仪

求职简历，是以表格形式展现以往的工作资历与经验，通常采用书面或电子文档形式。据统计，目前规模较大的企业一般每周要接受 500～1000 份电子简历，其中，80% 的电子简历在管理者浏览 30 秒后就被删除了。表现不佳的简历甚至没被认真阅读就被扔进垃圾桶。那些书写潦草、满纸错字的简历根本无法过关。要让用人单位在短暂的时间内通过一份简历对你产生兴趣，就一定要重视简历的内涵，精心制作一份个性化的求职简历。

一　简历的基本内容

1. 基本资料

基本资料是个人的表征，没有这些资料，即使拥有优异的条件与丰富的经历，也会像一个面貌模糊的人一样让人无法辨识。基本资料主要包括：姓名、性别、学历、毕业院校、所修专业、政治面貌、毕业时间、联系方式等个人信息。

2. 求职意向

求职意向也可被称为"求职动向"或"职业目标"，主要用来表明自己的职业发展方向，是求职简历的核心内容，所以，填写时一定要谨慎。

书写求职意向应当尽可能明确和集中，并与自己的专长、爱好等相一致。在论述时力求简短、简洁，明确地告知未来雇主：自己想要的工作、职位类型和角色定位（经理类、主管类、还是合同工等）。求职意向注意把握以下三点。

（1）最佳的求职意向写作方法：行业＋职位名称。

如：汽车行业销售类工作。机械专业的可以考虑机械设计师、机械工程师、机械制图师之类的表述。这样的表述更符合人力资源部门（HR）快速筛选的心理，也只有这样的表述才能给你带来更多的面试机会。

（2）求职意向要写在醒目位置。

一定要在基本资料之后，醒目地写清楚求职意向。因为大部分企业在招聘的时候，同时招聘的岗位可能不止一个，并且HR在看简历的时候，速度都非常快，其第一个要看的就是求职意向。如果不在醒目位置写清楚求职意向，一般很容易被HR忽略。

（3）一定要写明求职意向。

在求职意向写作时，切记出现空泛现象，如：希望从事具有挑战性的工作。也不要太多太杂没有针对性，如：文员、助理、行政、人事等，让人不知道你到底能做什么。求职简历的内容要围绕求职意向展开，无关内容尽量省略。

3. 主要经历

主要经历分为教育经历、工作经历（社团经验）和相关技能三部分。

（1）教育经历。

主要包括：教育背景、培训经历、所学专业课程及学习成绩、在校期间奖惩情况和相关证书的真实性认定等。说明所受教育的过程或学历程度是要让用人单位了解个人所学的背景，以判断求职者与应聘工作是否有专业上的关联性。因此，求职者在填写此栏时，应从最高学历开始依序填写，并注明学校名称、科系、学习年限等。

（2）工作经历（社团经验）。

求职者的工作或社团经验，可以让用人方了解求职者的志向、领导能力等，这些经验深受用人单位的重视。对于刚步入社会的大学生而言，大多都没有正式的工作经验，但可提供在学校的相关岗位打工经验、社团经历等，作为用人单位的参考。最好说明与应聘工作相关的工读经验或者曾参与的社团、担任何干部及举办、策划过哪些活动等。这些经历多少可以凸显个人的特质，如兴趣、合群性、领导能力、成熟度等，所以也备受用人方重视。

（3）相关技能。

不论是与所学相关还是由个人兴趣所发展出来的专长，只要与工作相关的技能，都应在求职简历上列出，这样有助于用人单位评估求职者所长与应聘工作的要求是否相符，个人专长是否有助于工作的推动。例如：两位同样应征助理工作的人，其中有办公自动化证书的人就比另一位没有此证书的求职者更占优势。

这部分内容要求写得简明扼要、条理清晰、层次清楚、一目了然。

4. 个人陈述

要实事求是地自我评价，诚实勿夸大，也不过分谦逊，态度宜不卑不亢。

求职简历模板见图6-1。

手机：
E-mail：

姓名

性别：　　　　　　政治面貌：××

毕业院校：　　　　所修专业：　　　　　　　　照片

学历：　　　　　　毕业时间：××××年××月

求职意向：××

教育背景

◇20××.09—20××.07　　××大学/学院　　××专业　　本/专科

工作经历

工作单位：　　　　　　　　　　　　　　　　　　　20××.×—20××.×
职　　位：
工作职责：
·
·

相关技能

·
·

个人陈述

·
·

图6-1　求职简历模板

二　撰写简历的礼仪要求

1. 真实

简历要注重内容的真实性。一些求职者为找到一份好工作，担心自身的优势不够突出，于是错误地认为如果简历不做假的话，应聘会吃亏，不惜在简历等材料上大做文章或把自己包装成"优秀学生""班干部"，或写上自己具有"英语六级""计算机国家二级"等。弄虚作假迟早会被揭穿或暴露。因此，要求求职者提高自己的思想道德素质，树立诚信求职的理念，撰写诚信简历，给自己的求职增加诚信砝码。

2. 有针对性

不同职位有不同的要求，撰写简历应当注意职位配对，撰写契合的内容，如同度身定制一样。要注意,不是将相同的简历寄给所有公司。求职者可以从招聘广告或该职位的职责范围中找到相关的信息,用红笔圈出一些描述资历、经验、技能和其他要求的主要字眼,然后确定所有这方面的信息都能显示在简历当中。最佳方法是将这些主要字眼或信息包含在求职者的成就罗列当中。不要罗列私人信息或不相干的信息。

3. 注意整体长度

简历切忌过短或过长。整体长度以1~2页为最佳,尽量不要超过2页。

模块2 求 职 信

求职信是发信人向用人单位推荐自己,表达自己任职愿望,提出谋职要求,供用人单位挑选的专用书信。求职信可根据谋求职业有无确定的目标,分别称为自荐信或应聘信。一封好的求职信,往往会赢得用人单位的关注。

【案例】 一位大学刚毕业的男同学,给南方某大城市写了六封求职信,结果收到了四家单位的回函,希望他去面试。这位同学总结道:

第一,我的信写得很真实,实事求是地为自己做"广告",不仅写了优点,也写了不少不足之处;第二,我对自己愿去的一些单位都有一定的了解,知道自己到这些单位比较对口,并非只给名气大的单位写信;第三,我的信都是亲自撰写,不是网上拉的或套用他人的,这样更能赢得好感;第四,我写求职信很自信,我认为一个人如果连写一封求职信都没有自信,那是很难成功的。

一 撰写的内容要求

(1)称谓写用人单位的全称或规范性的简称,也可以写给有关部门的工作人员。

(2)正文主要包括四个方面:

①从何处获得招聘信息;

②介绍个人基本情况,如姓名、性别、年龄、籍贯、身体状况、政治面貌、婚姻情况等;

③着重介绍专业情况;

④个人有关特长、性格特征等。

正文表述语言要准确、实事求是,特别是对自己的学识和能力要如实表述,不夸大,也不过分谦虚。

(3)结尾部分可以提出希望得到面试机会或对薪金、职务的要求。

(4)附上自己详细的电话信息、电子邮箱、通信地址。

二 写作中的礼仪要求

1. 遵守书信礼仪的书写规范

写求职信的第一要旨就是书写规范,严格遵守书信礼仪规则。具体讲,要求做到:

①字迹端正清晰;

②表述内容正确无误,包括标点符号的正确运用;

③格式标准；
④保持页面整洁。

一般来讲，最好用电脑打印，如果亲笔写，应该使用黑色或蓝黑色的墨水，对欲到外资、合资企业谋求职业者，应该附上中英文对照的相同文本。

2. 言辞谦恭有礼

写求职信，按规矩应该采用书面语，这样显得正式庄重。写作时，字里行间要充分体现出对收信人的尊重和礼貌，注重对招聘方关注、重视的流露。具体表现在称谓上用尊称、敬辞；问候关切有礼貌，介绍自我说真话、露真情，通过彬彬有礼、谦和的态度显示个人良好的修养。

3. 言简意赅

一封求职信的字数应以500字为限，最好在一页内表述完。另外，多使用短句式，多分段，显得内容眉目清楚。写作时把重点放在自我推荐上，与此无关的话题，尽量少写或不写。例如有些求职信，大半篇幅谈对招聘单位的印象，涉及自身，则一笔带过，这就本末倒置了。

模块3　面试技巧

一　基本注意事项

1. 谦虚谨慎

面试和面谈的区别之一就是面试时对方往往是多数人，其中不乏专家、学者。求职者在回答一些比较有深度的问题时，切不可不懂装懂，不明白的地方就要虚心请教或坦白说不懂，这样才会给用人单位留下诚实的好印象。

2. 机智应变

当求职者一人面对众多考官时，心理压力很大，面试的成败大多取决于求职者是否能机智果断，随机应变，能当场把自己的聪明才智发挥出来。

(1) 要注意分析面试类型，如果是主导式，你就应该把目标集中投向主考官，认真礼貌地回答问题；如果是答辩式，你则应把目光投向提问者，切不可只关注甲方而冷待乙方；如果是集体式面试，分配给每个求职者的时间很短，事先准备的材料可能用不上，这时最好的方法是根据考官的提问在脑海里重新组合材料，言简意赅地作答，切忌长篇大论。

(2) 要避免尴尬场面，在回答问题时常遇到这些情况：未听清问题便回答、听清了问题自己一时不能作答以及回答时出现错误或不知怎么回答问题。这些情况都可能使你处于尴尬的境地。避免尴尬的技巧是：对未听清的问题可以请求对方重复一遍或解释一下；一时回答不出可以请求考官提下一个问题，等考虑成熟后再回答前一个问题；遇到偶然出现的错误也不必耿耿于怀而打乱后面问题的思路。

3. 扬长避短

每个人都有自己的特长和不足，无论是在性格上还是在专业上都是这样。因此在面试时一定要注意扬我所长，避我所短。必要时可以婉转地说明自己的长处和不足，用其他方法加以弥补。

例如，有些考官会问你这样的问题："你曾经犯过什么错误吗?"你这时候就可以选择这样回答："以前我一直有一个粗心的毛病，有一次实习的时候，由于我的粗心把公司的一份材料弄丢了，老总狠狠地把我批评了一顿。后来我经常和公司里一个非常细心的女孩子合作，从她那里学来了很多处理事情的好办法，一直到现在，我都没有因为粗心再犯什么错。"这样的回答，即可以说明你曾经犯过这样的错误，回答了招聘官提出的问题，也表明了那样的错误只是以前出现，现在已经改正了。

4. 显示潜能

面试的时间通常很短，求职者不可能把自己的全部才华都展示出来，因此要抓住一切时机，巧妙地显示潜能。

例如，应聘会计职位时可以将正在参加计算机专业的业余学习情况"漫不经心"地讲出来，可使对方认为你不仅能熟练地掌握会计业务，而且具有发展会计业务的潜力;报考秘书工作时可以借主考官的提问，把自己的名字、地址、电话等简单资料写在准备好的纸上，顺手递上去，以显示自己具备写一手漂亮字体的能力等。显示潜能时要实事求是、简短、自然、巧妙，否则会弄巧成拙。

二　消除面试时的紧张感

紧张感在面试中是常见的。由于面试成功与否关系到求职者的前途，所以应届毕业生在面试时往往容易产生紧张情绪，有的可能还由于过度紧张导致面试失败。紧张是应考者在考官面前精神过度集中的一种心理状态，初次参加面试的人都会有紧张感觉，慌慌张张、粗心大意、说东忘西、词不达意的情况是常见的。那么怎样才能在面试时克服、消除紧张呢?

1. 保持"平常心"

在竞争面前，人人都会紧张，这是一个普遍的规律，面试时你紧张，别人也会紧张。紧张是客观存在的，要接受这一客观事实。这时你不妨坦率地承认自己紧张，也许会求得理解。同时要进行自我暗示，提醒自己镇静下来，常用的方法是:

(1) 大声讲话，把面对的考官当熟人对待;

(2) 掌握讲话的节奏，"慢慢道来";

(3) 握紧双拳、闭目片刻、先听后讲，或调侃两三句等。

2. 不要把成败看得太重

"胜败乃兵家常事"。要这样提醒自己，如果这次不成，还有下次机会;这个单位不聘用，还有下一个单位面试的机会;即使求职不成，也不是说你一无所获，你可以在分析这次面试过程中的失败，得出宝贵的面试经验，以新的姿态迎接下一次的面试。在面试时不要总想着面试结果，要把注意力放在谈话和回答问题上，这样就会大大消除你的紧张感。

3. 不要把考官看得过于神秘

并非所有的考官都是经验丰富的专业人才，可能在陌生人面前也会紧张，认识到这一点就用不着对考官过于畏惧，精神也会自然放松下来。

4. 准备充分

实践证明，面试时准备得越充分，紧张程度就越小。考官提出的问题你都会，还紧张什么?"知识就是力量",知识也会增加胆量。面试前除了进行道德、知识、技能、心理准备外,还要了解和熟悉求职的常识、技巧、基本礼节,必要时同学之间可模拟考场,事先多次演练,互相指出不足、相互帮助、相互模仿,到面试时紧张程度就会减少。

5. 增强自信心

面试时应聘者往往要接受多方的提问,迎接多方的目光,这是造成紧张的客观原因之一。这时你不妨将目光集中在主考官的社交注视区域(如图6-2所示),用余光注视周围,既可增强自信心又能消除紧张感。

在面试过程中,考官们可能交头接耳,小声议论,这是很正常的,不要把它当成精神负担,而应作为提高面试能力的动力,你可以想象他们的议论是对你的关注,这样你就可以增加信心,提高面试的成功率。

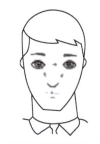

图6-2 社交注视区域

面试中考官可能提示你回答问题时的不足甚至错误,这也没有必要紧张,因为每个人都难免出点差错,能及时纠正就纠正,是事实就坦率承认,不合事实还可婉言争辩,关键要看你对问题的理解程度和你敢于和主考官争辩真伪的自信程度。

三 面试时的礼仪要求

1. 服饰要得体

就服饰而言,应聘者在去求职面试前,必须精心选择自己的服饰。那就是服饰要与自己的身材、身份相符,表现出朴实、大方、明快、稳健的风格。在面试时,着装应该符合时代、季节、场所、收入程度,并且要与自己应聘的职业相协调,能体现自己的个性和职业特点。

(1)应聘的职位是机关工作人员、管理人员或教师、律师等,打扮就不能过于华丽,而应选择庄重、素雅、大方的着装,以显示出稳重、严谨文雅的职业的形象。

(2)应聘的职位是导游、公关、服务员等,则可以穿得时髦、艳丽一些,以表现热情、活泼的职业特点。

一般说来,服饰要给人以整洁、大方得体的感觉,穿着应以保守、庄重一点为好,不要追求时髦,浓妆艳抹,尤其是女性,如果衣着过于华丽,描眉搽粉,项链、耳环、戒指都戴上,这样会给用人单位一种轻浮的印象,影响面试的成绩。此外,如果衣服的面料、品牌都很好,却不洗不熨,不按正确的方法穿着,也容易给人一种精神不振的感觉。女性求职者的装束以朴实、庄重为好,男性求职者则以整洁、干练为好。要注意提前理好自己的发型,如在夏季,男同志可穿着整洁的衬衫或T恤衫,其他季节则以合体的中山装或西装为好。另外,装束打扮一定要与谋求的职业相称,并与自己的兴趣、爱好、个性、习惯相符合。

2. 遵守时间

守时是现代交际时效观的一种重要原则,是作为一个社会人要遵守的最起码的礼仪。面试中,最忌的首先就是不守时,因为等待会使人产生焦急烦躁的情绪,从而使面谈的气氛不够融洽。有专家统计,求职面试迟到者获得录用的概率只有相当于不迟到者的一半。可见,守时这一礼仪在面试中的重要性。

因此,面试时千万不能迟到,而且最好能够提前十分钟到达面试地点,以有充分的时间调整好自己紧张的情绪,这也表示了求职的诚意。假如依照约定的时间匆匆前往,对方也许

已在等候你,那样就显得你欠礼貌、欠诚意,同时还容易使你情绪紧张而影响面试效果。

遵守时间的另一种含义是,要遵守事先约定的面试时限。有时招聘者主动提出只能谈多长时间,有时需要你主动问可以谈多长时间。无论何种情况,求职者都一定要把握好时间,以体现你的时间观念和办事效率。

3. 表情要自然,动作要得体

进门时,不要紧张,表情越自然越好,在对方没有请你坐下时切勿急于坐下,请你坐下时,应说声"谢谢",坐下后要保持良好的坐姿。对于女性求职者来讲,动作更应得当,任何轻浮的表情或动作都可能会让招聘人员对你不满。各种手势等也要恰当得体、自然。

4. 讲究文明礼貌

进门时应主动打招呼:"您好,我是××"。如果是对方主动约自己面谈,一定要感谢对方给自己这样一个机会;如果是自己约对方面谈,一定要表示歉意"对不起,打扰您了"等。

面谈时要真诚地注视对方,表示对他的话感兴趣,决不可东张西望,心不在焉,不要不停地看手表,否则,显得不尊重对方。另外,对对方谈话的反应要适度,要有呼应。他说幽默话时,你的笑声会增添他的兴致;他说话严肃认真时,你屏住呼吸则强化了气氛。这些反应要自然坦率,不能故意做作或做出大惊小怪的表情。

5. 保持安静

在等候面试时,不要到处走动,更不能擅自到考场外面张望,求职者之间的交谈也应尽可能地降低音量,避免影响他人应试或思考。最好的办法就是抓紧时间熟悉可能被提问的问题,积极做好应试准备。

6. "听"的学问

【案例】 有位大学毕业生到一家编辑部去求职,主编照例同他谈话,开始一切都很顺利。由于对他第一印象很好,主编后来就拉家常式地谈起了自己在假期的一些经历,大学生走了神,没有认真去听。临走时,主编问他有何感想,他回答说:"您的假期过得太好了,真有意思。"主编盯了他好一会儿,最后冷冷地说:"太好了?我摔断了腿,整个假期都躺在医院里"。

善于聆听,是面谈成功的又一个要诀。那么怎样听人说话才能取得对方的好感呢?

(1)要耐心。对对方提起的任何话题,你都应耐心倾听,不能表现出心不在焉或不耐烦的神色,要尽量让对方兴致勃勃地讲完,不要轻易打断或插话。

(2)要细心。也就是要具备足够的敏感性,善于理解对方的"弦外之音",即从对方的言谈话语之间找出他没能表达出来的潜在意思,同时要注意倾听对方说话的语调和说话的每一个细节。

(3)要专心。专心的目的是要抓住对方谈话的要点和实质,因此,你应该保持饱满的精神状态,专心致志地注视对方,并有表示听懂或赞同的声音或动作;如果对方提出的问题本身很明确,但你却没有完全理解,那么你可以以婉转诚恳的语言提出不明确的部分,对方则会进一步解释的。这样既能弄清问题的要点和实质,又能给对方以专心致志的好印象。

(4)要注意强化。要认真琢磨对方讲话的重点或反复强调的问题,必要时,你可以进行复述或提问,如:"我同意您刚才所提的……""您是不是说……"重复对方强调的问题,会使对方产生"酒逢知己千杯少"的感觉,往往会促进情感的融合。

7. 交谈的学问

(1)采用呼应式的交谈,并巧妙地引导话题。求职面谈既不同于当众演讲,又不同于自言自语,而在于相互间的呼应。成功的对话是一个相互应答的过程,自己每一句话都应是对方上一句话的继续,并给对方提供发言的余地,还要注意巧妙地引导话题。

例如,当所谈内容与求职无关,而对方却大谈特谈时,你可以说:"这件事很有意思,以后一定向您请教。现在我有个问题不明白……",从而巧妙地转移了话题,或"您认为某项工作应具备哪些素质?"以引起双方感兴趣的话题。

(2)谈话要动之以情。处处表现情真意切,实实在在。不要海阔天空,华而不实,更不能虚情假意,说假话、空话。

(3)谈话时应掌握节奏,必要时可用机智、幽默、风趣的语言使双方都放慢谈话的节奏。

8. 尊重对方,善解人意

取得招聘者的好感必须真正尊重对方,善解人意。在求职时往往有这种情况:招聘者的资历或学历、职称、年龄等可能不如求职者,此时千万不能妄自尊大。一旦流露出不尊重对方的表情,处处显示出优于对方、待价而沽的情绪,往往会引起对方的反感,将好事办砸。

实 训 指 导

实训项目1 制作求职简历

实训工具:电脑,网络,纸,笔。

实训步骤:

(1)在"航天华泰汽车销售公司"的招聘岗位中(包括销售顾问、客户关系专员、售后接待、维修工、试驾专员),选出自己感兴趣的一个岗位,说明理由。

(2)罗列出个人的性格、优点特长、经历经验,结合所选的岗位,挑选出有利于获得职位的项目。

(3)制作一份个人求职简历,撰写一份个人求职信,版面自行设计。

实训要点:

(1)突显个人特长,与应聘岗位的职业要求相适应。

(2)撰写求职信应态度诚恳,内容真实,表述简洁,重点突出,能引起阅读人的兴趣。

(3)简历中个人信息表述条理清楚合理,优势突出。

(4)制作装帧符合礼仪规范。

实训项目2 模拟面试

实训工具:桌椅,求职简历,纸,笔。

实训步骤:

(1)分组。每组3~5人,一人为应聘者,其余为面试官。

(2)面试单位:航天华泰汽车销售公司。

(3)面试内容。

①递送简历:向面试官递送"实训一"当中所制作的个人简历及求职信。

②自我介绍:问候面试官,根据求职岗位和简历内容有针对性地做自我介绍。

③职业测评:根据面试官所提出的专业技能类或专业素质类问题,做出分析判断,并回答。

④面试结束:致意并告别。

实训要点:

①站姿、坐姿、行姿、手势、递送简历等基本举止符合仪态礼仪规范。

②自我介绍清晰流畅,有重点、亮点,能够符合岗位工作要求,体现个人特征。

③对职业测评问题能够正确处理、灵活应对。

④面试全程状态自然、神情放松,面部表情和肢体语言无明显紧张情绪,有亲和力。

⑤能向面试官传达积极向上的工作热情,肯定并感谢对方的辛勤工作,礼貌道别。

思考与练习

一、判断题

1. 求职简历应用彩色打印,尤其注意装帧精美。　　　　　　　　　　　　(　　)
2. 求职信不能采用手写形式。　　　　　　　　　　　　　　　　　　　　(　　)
3. 求职简历整体长度以 1~2 页为最佳。　　　　　　　　　　　　　　　　(　　)
4. 为了表达对招聘方的诚意,面试应越早到越好。　　　　　　　　　　　(　　)
5. 用电子邮件发送求职简历时,应把简历以附件形式发送。　　　　　　　(　　)

二、单选题

1. 为了表明自己的职业发展方向,简历中一定要注明(　　)。
    A. 基本资料　　　　　　B. 求职意向　　　　　　C. 个人特长
2. 求职简历中的"主要经历"包括了教育经历、工作经历和(　　)。
    A. 实习经历　　　　　　B. 社团经历　　　　　　C. 相关技能
3. 下列不符合面试时的礼仪要求是(　　)。
    A. 善于倾听
    B. 妆容时髦,衣着华丽
    C. 呼应式交谈
4. 电子邮件发送简历的标题应为(　　)。
    A. 工作地点 + 工作岗位 + 求职者姓名
    B. 求职者姓名 + 工作岗位
    C. ××的求职简历
5. 下列不符合求职信的书写礼仪要求是(　　)。
    A. 长度在 500 字左右
    B. 主要书写对招聘单位的印象

C. 正确运用标点符号
6. 下列对于求职意向的表述是正确的是(　　)。
　　A. 具有挑战性的工作　　　　B. 文员　　　　C. 汽车行业销售类工作
7. 下列对于"个人陈述"的表述是不正确的是(　　)。
　　A. 态度谦卑　　　　　　　B. 实事求是　　　C. 既有总结,也有内容
8. 要消除面试时的紧张感,常用的方法是(　　)。
　　A. 与面试官调侃
　　B. 调整说话节奏,娓娓道来
　　C. 暗示自己面试官都是陌生人,说错了也无所谓

三、思考题

1. 制作求职简历时,应该注意哪些礼仪?
2. 面试过程中,如何消除紧张情绪?

四、实操题

在面试过程中,如果碰到如下问题,你该如何应对?
(1)你对我公司有什么认识?
(2)我们为什么要雇佣你呢?
(3)你最不喜欢的大学课程是什么?为什么?
(4)你对加班有什么看法?

拓展学习

一　电子邮件的写作要求

　　电子邮件作为互联网时代下投递简历的主要工具,具有方便迅捷、费用低廉、形式丰富、可靠性高的特点,在招聘求职中发挥着越来越重要的作用。它比纸质信件更快捷方便,但是也更容易被忽略、遗忘甚至删除,因此在写作上与传统邮件相比有自身的特殊要求。

1. 要写明标题

　　标题对收件人有提示作用,看过标题,收件人在阅读正文时就能抓住重点、理清头绪。用人单位一般对于求职简历的标题会有明确说明,仔细留意即可。常用格式为:求职地点＋求职岗位＋求职者姓名。

2. 要简明扼要

　　书写电子邮件时最好开门见山,按照收信人的要求和需要书写。正文要有的放矢、言简意赅、直接坦率,可以采用对话语气,使其更富有人情味。需要特别注意的是,当通过电子邮件形式发送求职简历时,切记不可粘贴为附件,而是要在正文中直接体现简历内容。因为附件需要下载,而招聘者往往需要在短时间内筛选出符合岗位要求的简历,所以很有可能因为

时间关系而放弃下载你的附件。

二 收发电子邮件礼仪

利用电子邮件发送求职简历是求职者和招聘方的第一次对话,忽略基本礼仪,不但是对招聘方的不尊重,更会使求职者与心仪工作擦肩而过。

(1)最好使用一个固定邮箱来发送求职简历。邮箱名要正式地写上求职者的名字,或者英文名字,并且为邮箱固定好一个专业、职业的格式。

(2)发邮件前需要很清楚地确定收件人、抄送人,避免没有价值的群发。如果要群发,应把自己的邮箱写在"收件人"一栏,把其他人的邮箱写在"密送"一栏,避免有人向这些邮件地址发送垃圾邮件。

(3)在发邮件前,检查内容是否准确。尤其是求职简历的特殊字体和格式,确保排版正确美观。

(4)注意自己发邮件的时间,确保发信时间准确。

(5)要保护别人的隐私。不要在写电子邮件时引用别人发送的邮件,这种做法会让邮件显得冗长,而且收信人也会感到奇怪。除非是确有必要引用别人的来信,否则发信人和收信人之间的邮件不应向第三者传播。

(6)使用标点加强语气要慎重。在一句话结束后使用"????"或"!!!!",收信人读起来可能会觉得发件人在大喊大叫或是非常不满。要按照常规使用标点符号。

(7)发送之前出声读一遍,这样可以体会到收信人读这封邮件的感受,读完之后再点击"发送"。邮件是书面形式的,发送出去就很难收回来。在邮件中不要写不便于对外传播的内容。

(8)尽量不要使用表情符号,使用表情符号有可能无意间冒犯别人。

(9)在发邮件时,还应注意避免以下问题,以免给对方带来不便:过长的签名档、带病毒的邮件、拼错收件人的姓名等。

参 考 文 献

[1] 杨眉.现代商务礼仪[M].3版.大连:大连财经大学出版社,2009.
[2] 金正昆.商务礼仪[M].北京:北京大学出版社,2005.
[3] 裘瑜,吴霖生.汽车营销实务[M].上海:上海交通大学出版社,2009.
[4] 胡锦建.实用商务礼仪学到手[M].北京:中国社会出版社,2007.
[5] 胡爱娟,陆青霜.商务礼仪实训[M].北京:首都经济贸易大学出版社,2008.
[6] 董保和.中外礼仪大全[M].北京:民族出版社,2005.
[7] 李嘉珊.实用礼仪教程[M].北京:中国人民大学出版社,2006.
[8] 杜明汉.营销礼仪[M].北京:电子工业出版社,2007.
[9] 徐白.公关礼仪教程[M].上海,同济大学出版社,2007.
[10] 吕维霞,刘彦波.现代商务礼仪[M].北京:对外经济贸易大学出版社,2006.
[11] 叶志斌,李云飞.汽车营销[M].北京:人民交通出版社,2009.
[12] 贾遽钧,莫远.如何做好汽车维修业务接待[M].2版.北京:机械工业出版社,2008.
[13] 周思敏.你的礼仪价值百万[M].北京:中国纺织出版社,2009.
[14] 黄漫语.沟通与礼仪[M].北京:北京大学出版社,2014.
[15] 王建民.管理沟通实务[M].4版.北京:中国人民大学出版社,2015.

人民交通出版社汽车类高职教材部分书目

1. 高职高专工学结合课程改革规划教材

书 号	书 名	作 者	定价	出版时间	课件
978-7-114-09233-6	机械制图	李永芳、叶 钢	36.00	2014.07	有
978-7-114-11239-3	●汽车实用英语（第二版）	马林才	38.00	2016.01	有
978-7-114-10595-1	汽车结构与拆装技术（上册）	崔选盟	55.00	2015.01	有
978-7-114-11712-1	汽车结构与拆装技术（下册）	周林福	59.00	2014.12	有
978-7-114-11741-1	汽车使用与维护	王福忠	38.00	2015.11	有
978-7-114-09499-6	汽车维修企业管理基础	刘 焰、田兴强	30.00	2015.07	有
978-7-114-09425-5	服务礼仪	刘建伟、郭 玲	21.00	2015.06	有
978-7-114-09368-5	发动机机械系统检测诊断与修复	吕 坚、陈文华	26.00	2013.12	有
978-7-114-10301-8	汽油发动机电控系统检测诊断与修复	陈文华、吕 坚	20.00	2013.04	有
978-7-114-10055-0	柴油发动机电控系统检测诊断与修复	杨宏进、韦 峰	24.00	2012.12	有
978-7-114-09588-7	汽车传动系统检测诊断与修复	秦兴顺、刘 成	28.00	2016.07	有
978-7-114-09497-2	汽车行驶、转向和制动系统检测诊断与修复	宋保林	23.00	2016.01	有
978-7-114-09385-2	汽车电路和电子系统检测诊断与修复	彭小红、陈 清	29.00	2014.12	有
978-7-114-09245-9	汽车保险与理赔	陈文均、刘资媛	23.00	2014.01	有
978-7-114-09887-1	汽车维修服务接待	王彦峰、杨柳青	25.00	2016.02	有
978-7-114-09745-4	客户沟通技巧与投诉处理	韦 峰、罗双	24.00	2016.05	有
978-7-114-09225-1	汽车维修服务企业管理软件使用	阳小良、廖明	30.00	2011.07	有
978-7-114-09603-7	汽车车身构造与修复	李远军、陈建宏	38.00	2013.09	有
978-7-114-09613-6	事故汽车核损与理赔	荆叶平	35.00	2012.03	有
978-7-114-09259-6	保险法律法规与保险条款	曹云刚、彭朝晖	30.00	2016.07	有
978-7-114-11150-1	道路交通事故现场查勘与定损	侯晓民、彭晓艳	26.00	2014.04	有
978-7-114-09254-1	机动车保险专用软件使用	彭晓艳、廖 明	40.00	2011.08	有

2. 高等职业教育"十二五"规划教材

书 号	书 名	作 者	定价	出版时间	课件
978-7-114-10280-6	汽车零部件识图	易 波	42.00	2014.1	有
978-7-114-09635-8	汽车电工电子	李 明、周春荣	39.00	2012.07	有
978-7-114-10216-5	汽油发动机构造与维修	刘 锐	49.00	2016.08	有
978-7-114-09356-2	汽车底盘构造与维修	曲英凯、刘利胜	48.00	2015.07	有
978-7-114-09988-5	汽车维护（第二版）	郭远辉	30.00	2014.12	有
978-7-114-11240-9	●车载网络系统检修（第三版）	廖向阳	35.00	2016.02	有
978-7-114-10044-4	汽车车身修复技术	李大光	24.00	2016.01	有
978-7-114-12552-2	汽车故障诊断技术	马金刚、王秀贞	39.00	2015.12	有
978-7-114-09601-3	汽车营销实务	史 婷、张宏祥	26.00	2016.05	有
978-7-114-13679-5	新能源汽车技术（第二版）	赵振宁	38.00	2017.03	有
978-7-114-08939-8	AutoCAD 辅助设计	沈 凌	25.00	2011.04	有
978-7-114-13068-7	汽车底盘电控系统检修	蔺宏良、张光磊	38.00	2016.08	有
978-7-114-13307-7	汽车发动机电控系统检修	彭小红、官海兵	35.00	2016.1	有

●为"十二五"职业教育国家规划教材
咨询电话：010-85285962；010-85285977. 咨询QQ：616507284；99735898